徳田秀子が支えた医療革命

虎雄とともに

松下隆一
Ryuichi Matsusita

PHP

はじめに

私はこれから一つの絶対的な愛について書こうとしている。

徳田秀子――医療界の異端児であり、パイオニアである徳田虎雄の夫人の物語である。

だが、何度も書くことを断念しようと本気で考えた。謙遜でもなんでもなく、私のような怠惰な人間など、書く資格はないのではないかと思ったからである。

徳田虎雄と面識がないこともあったが、何より資料や取材によって秀子の人生、夫婦で苦難を乗り越えてきた道を探るうちに、第三者が客観的に著者として書くには、到底手の届かない場所に二人がいる、と実感したのだった。

これはあくまで個人的な経験値による結論だが、自分とは違う人について本当の意味で理解しようと思えば、最低でもじっくりと十年は付き合わないとわからないのではないか、ということがある。

世の中では今、SNSに代表されるように、夥《おびただ》しい情報で溢れかえっている。ことに政治家や芸能人など、有名無名を問わず、槍玉にあげられた他者に対する批判、誹謗中傷は目に余るものがある。

だが私が常々感じるのは、

「あなたはどこまでその人のことを理解しているのか?」

という疑問である。

一面識もない、膝をつき合わせて語り合ったこともない他者への敵対意識など、ネットの普及する以前は胸の内に秘めていたに違いない。だがネットという利器を持ったとたんに醜悪な本音がさらけ出されることになり、真偽はともかく多数派の意見に押し流され、結果、罪なき人が傷つき、自死にまで追い詰められている。

またテレビや出版などのメディアもそれに乗じて大衆の顔色をうかがいつつ、ウケるためのキャッチ、批判を展開する。何ら責任を負う義務のないコメンテーターなる人が、無責任なコメントで大衆を煽《あお》る。

だが顔が見えない批判者は、自分が人を傷つけ、場合によっては殺しているという共犯関係の自覚がないのである。これが現代の病める構図だと感じる。

余談めいてしまったが、つまり、徳田虎雄という人も最初こそ医療界の風雲児として注目され、歓迎もされたが、いつしかメディアや出版で叩かれ、中には毀誉褒貶《きよほうへん》が甚だしい人というレッテル貼りまでされてしまった。

かく言う私も、お恥ずかしい話だが、かつて保徳戦争と名付けられた札束が飛び交ったという選挙戦の話を聞いた際は、あまりいいイメージを持っていなかったのは確かである。だが今回の仕事の依頼を受けて資料を紐解き、徳田虎雄がどういう人物なのかイメージした時、（これはちょっと手に余るすごい人だぞ）と感嘆せざるを得なかった。

例えばあなたが今、三十歳にもならない若き勤務医だったとする。そしてあなたは子沢山で仕事に追われ、決して裕福ではない生活をしているとする。そのような状況の中で、切実な医療過疎の現状を何とかしたいからといって、ベッド数が何百もある大病院をつくろうと考えるだろうか？　その上、医師会という強大な組織を敵にまわして……ということなのである。通常は最大限のリスクを排除しつつ、せいぜい自分のキャリアと利益のために、開業医を目指して頑張るものではないだろうか。

ところが虎雄はいきなり大病院をつくることを志し、そして果たしたのである。しかも「年中無休二四時間オープン」という前代未聞の病院であった。今では日本で民間最大の医療グループ『徳洲会』としてその名を全国に知られている。

なぜそれができたか。答えは実にシンプルである。

「生命《いのち》だけは平等だ」

たったこれだけの哲学、真理を貫き、昭和、平成、令和を生き抜いて医療界に身を捧げ、文字通りの怒涛の人生を歩んできたからである。

徳之島という離島に住んでいたばかりに、貧しかったばかりに、急病の弟の命が理不尽にも奪われた。まだ少年だった虎雄はその無残な死を目の当たりにし、医者になってこのような悲劇を繰り返すまいと心に誓ったのである。

つまり、「生命だけは平等だ」という言葉の中には、怒りや憎しみ、悲しみが込められている。安易な表現だとわかった上で書くが、徳田虎雄の「魂の叫び」と言ってもいい。

彼の人生は「生命だけは平等だ」を達成するために捧げられ、常に高い目標を掲げ、その目標に向かって挑戦し、戦い続けてきた。

そしてその虎雄に秀子は寄り添い、激しくも充実した人生を歩んできた。

秀子は虎雄とともに徳之島で青春時代を送り、結婚して学業と子育てに追われながら、病院開設に尽力し、選挙をともに戦った。

妻として母として、一人の女性として、一人の男の大きな夢を追い続けた。それは男に付き従うという女性ではなく、一体となって突き進むという夫婦の形があったのである。

ある時秀子は虎雄から、

「どうして智恵子は精神的に弱くなったと思う?」

と、訊かれたことがある。

彫刻家として名をなした高村光太郎とその妻、智恵子とのテレビドキュメンタリーを見ていた際のことである。智恵子は精神を病んで入院し、最後は結核のために亡くなった。その死を悼んで光太郎は『智恵子抄』という詩集に彼女への愛を認め、広く知られるようになったのだった。

「どうして?」

と問い返す秀子に、虎雄はこんなことを言った。

「智恵子はね、夫の光太郎との差がついて、芸術家として遅れをとってしまうという恐れを抱いたんだ。孤立したその寂しさが弱さにつながったんだよ」

光太郎と智恵子は若き日、ともに洋画家を目指して切磋琢磨《せっさたくま》していた。ところが明治期から大正期という時代は、芸術世界とはいえ女性は冷遇され、なかなか認められない状況にあった。反対に男性はどんどん外の世界に飛び出し、成長するチャンスに恵まれていたのである。したがって光太郎と智恵子との間には、埋めようのない格差が生まれたのだった。

虎雄はさらに続けて言った。

「だからヒデ（秀子）、君はぼくと同じように努力するんだ。ベターハーフ（良き配偶者）じゃダメなんだ。ベスト2になるんだよ。妻はたとえ助演であっても、一流でなければならないんだ」

取材中、秀子の口から語られる虎雄の実像は、超がつくほどのロマンチストだった。怒る時は恐ろしくもあるが、しばしば気恥ずかしくなるほど臆面もなく、秀子に対して愛を語った。

喧嘩をして、秀子が怒った時にも虎雄はこう言った。

「君が一番幸せなんだよ」

「どうして？　あなたにこんなにいじめられて……あなたは好きなことばっかりして私を悲しませるのに、それで一番幸せってどういうことなの？」

秀子が疑問を口にすると、虎雄は両手をいっぱいに広げた。

「ぼくの愛はこれくらいあるんだ。君がぼくに対する愛はこれよりは小さいだろう？」

秀子は「愛する」という言葉は（本当かな？）と思って好きではないと言いつつ、こうした言葉に勇気づけられ、励まされ、力を与えられたのは事実だった。

また、激しい選挙戦を二人で戦い抜いた時、虎雄は秀子に感謝の言葉を口にした。

「君と二人で同じ方向に向かって努力したっていうことが、ぼくが選挙をして一番よかったことだ」

この時は本当に嬉しかったと秀子は振り返る。

「これまで主人（虎雄）と同じ目標や夢に向かい、懸命に私なりの努力をして、彼とともに成長を遂げたと思います。やりたい放題で厳しい主人に私がついて行けたのも、私自身が絶対に愛されているという自信があったからです」

ここに虎雄の第二の原点があると感じる。

第一は「生命だけは平等だ」という無念の原点であり、第二は秀子との愛を育む、ベスト2という原点である。激しい戦いの疲れを愛情によって癒やし合う――この陰陽二元論のような夫婦の形があって初めて虎雄は大事業を成し得たのである。

他方、虎雄が人生の中心に何を置き、支えにして生きてきたか。

それは次の言葉が如実にあらわしている。

「ぼくは自分のために頑張ったことはない。家族のために頑張り、故郷（徳之島）のために頑張り、そして日本の医療（患者）のために頑張ってきた。そういう純粋な気持ちでこそ、人生が豊かになると思っている」

家族、故郷、医療――彼にとってこの三つに捧げる愛は、尋常ならざるものがあった。その愛のために自分の身を捧げ続けてきた生涯だといえよう。そして虎雄とともに泣き、笑い、時にはぶつかる人生を歩んできた秀子は、虎雄の本当の姿を知っている。

虎雄はＡＬＳ（筋萎縮性側索硬化症）を発症してからおよそ二〇年にもなる。体は動かず、語れない姿に、秀子は「切ないですよ」と悔しさを滲ませて吐露する。その悔しさ、怒りは、私利私欲ではない、純粋な愛のために生きた虎雄が、あらぬ批判や誹謗中傷を受けていることへの率直な思いだった。

全身全霊でその身を医療に捧げ、人命救助のために打ち込んできたにもかかわらず、である。

間違いなく言えることは、医療法人徳洲会は、従来であれば救われなかった命を数限りなく救ってきたということである。そしてその原点には虎雄と秀子という夫婦の形がある。

この厳然たる事実の前には、いかなる批判も誹謗中傷も霞んでしまう。

虎雄と秀子を想う時、夫婦の本来の形というのは、どちらかが弱いとか、強い、守る、守られるといった関係性ではないのではないかと感じる。

本書では秀子の辿ってきた道をもとに、虎雄と歩んだ道のりを描き、ベターハーフではない、互いに努力を積み重ねてベスト2で同じ目標や夢に向かう生き方について書きたい。言い換えれば、ベスト2の生き方こそが理想の夫婦のあり方ではないかと考えるものである。

だがそれは必ずしも壮大な夢や目標を持つ、ということではない。夫婦で立派に子どもを育て上げる——親孝行をする——仕事を真面目に一生懸命にやる——社会のために尽くす——といった身近なことでいいのではないか。その積み重ねこそが幸せに生きる、充実した人生を送ることにつながるのではないかと、虎雄と秀子が生きてきた道を辿ると考えさせられるのである。

いずれにせよ、本書では虎雄と秀子にとっての、夫婦の愛、家族への愛、故郷への愛、仕事への愛といった様々な愛のかたちを綴り、読者の方が生きる上でのヒントとなれば幸いである。

虎雄とともに

徳田秀子が支えた医療革命

もくじ

第二章　ベスト2を目指して

第三章　真実一路

第四章　愛を語る人

第一章

青春の徳之島

人に尽くす苦労人

物腰が柔らかで質素な佇まいの人、というのが徳田秀子の第一印象であった。

取材で通されたご自宅の部屋も、花が飾られ、長テーブルや書棚が置かれているくらいで、目立った装飾品などはない。ただ、壁には徳田虎雄の大きなパネル写真がいくつも掛けられているのが目を惹いた。

印象的だったのは、テーブルの上に置かれた、チラシを折り畳んでつくった屑入れ（紙箱）であった。おそらく秀子がつくったのだろうが、それを見るだけでふだんから始末した、慎ましい生活が垣間見える。

取材中、おやつにと「油そうめん」をご馳走になった。油そうめんは徳之島の郷土料理である。私はかつて奄美大島で食べたことがあったが、出汁がそうめんにしみてコクと旨みを引き出し、とても美味であった。

また秀子は私と編集者らに対し、夕刻になるとご飯の心配をして、「何か出しましょうか」としきりに気遣う。いろいろな人の取材をしているとわかるが、食べることを勧めるのは、戦中、戦後と物資に乏しく、満足に食べることもできなかった苦労人の思いやりである。

それはかつて多くの日本人が共有していた美質であったのだが、大量の食べ物を破棄する飽食の時代にあっては、すっかり失われてしまったともいえる。誰かのために何かをしてあげたいという思いは、裏を返せば、自分のような苦労を誰にもさせたくないという慈愛でもある。

また、秀子はよく声をあげて笑った。それも虎雄について話している時が多かった。ゆえに常人では考えられないような苦労をしているはずなのに、聞いていてもそうとは感じられないのが不思議であった。

そういえば本当に苦労を重ねている人は苦労を感じさせないものだ。なぜならその人は苦労を苦労と感じていないからである。「こんなに苦労をしたんです」とあからさまに語る人は、どこかで自分に酔い、自己弁護しているところがある。秀子にそれがないのは、自分のためではなく、他者のために尽くすという苦労をしてきたからだ。他者に尽くすということは、終わりのない旅をするようなものである。

秀子はしばしば若い日の虎雄との思い出話を、俯瞰《ふかん》して面白おかしく戯画的に語った。

本当に心から楽しかったというように語るのである。それは過酷な経験の裏返しなのかもしれない。

ともあれ、そんな秀子がどういう幼少期、青春時代を過ごしたのか、そして虎雄と出会い、結婚に至るまでの過程を、この章では紐解いてみたい。

時代に翻弄されて

秀子は昭和一三年（一九三八）六月二日、大阪市で生まれた。

昭和一三年と言えば、満州事変（昭和六年）や二・二六事件（昭和一一年）、そして日中戦争（昭和一二年）の勃発などを経て、太平洋戦争に向かって日本の国が戦争一色に染まろうとしていた激動の時代ともいえる。時に時代は人生を翻弄するというが、秀子もまた、子どもなりに翻弄された幼少期でもあった。

ちなみに秀子という名は、映画が好きだった父、道重が、名女優の高峰秀子さんからとってつけられた。

父の道重は徳之島に生まれ、尋常高等小学校を卒業すると同時に集団就職で大阪に出て、旋盤工として働いていた。母、カマも同郷で同じ時期に集団就職で大阪の紡績工場で働いており、二人は同郷ということで紹介され、結婚したのである。

父は寡黙で働き者であった。それは決して幸せとはいえない生い立ちが影響しているのかもしれない。

道重の父、つまり秀子の祖父、道春は背の高い、たいそうな美男だったという。声もよく、漢方薬を売り歩きながら三味線を弾いて歌い、占いまでしたというから、女性にモテたのは想像に難くない。実際、客として接した女性の中には、ひと晩でいいからともに過ごしたいという人もあったそうで、そのために祖母、マスは気も狂わんばかりに嫉妬したという。

ところが道春は三一歳の時、当時流行った天然痘によって亡くなってしまう。大正八年（一九一九）に大正時代最高の天然痘のパンデミックによる死者数を出しているが、その年に亡くなった可能性が大きい。しかも同年には同じ病で道重の幼い弟、妹も命を落とした。道重自身も鼻の頭に痘瘡《とうそう》の痕跡がわずかに残っていたというから、紙一重で命が助かったのだろう。

働き手を失ったマスは再婚のため、泣く泣くまだ五歳に満たない道重を故郷の伯父、道信のもとに預けた。幸い、伯父伯母は優しく、道重は尋常高等小学校を卒業するまで育てられたのだった。

だがいかに慈しみをもって育てられたとはいえ、幼くして両親のいない生活を味わうというのは寂しさが募ったことだろう。それだけに家族に対する思いは人一倍強かったと思う。いや、そうした一般論以上に、貧しい離島を故郷とする人は家族の結びつき、コミュニティの結束が強い傾向にある。

道重も自分が家族を持った時は大切にしようと心に誓ったに違いない。後述するが、食べるのもままならない秀子と虎雄の家庭を、出稼ぎまでして道重は援助してくれた。自分たちの実家も、食べるにも事欠く状態であったにもかかわらずである。これも娘に自分と同じようなつらく寂しい思いをさせたくない一心であったからだろう。

母、カマは色白でどこか垢抜けた感じのする人であったという。働き者というのは言うまでもないが、しっかり者であり、貧しい家計を支え、懸命にやりくりをしながら秀子ら子どもたちを育てた。道重との間に七子をもうけるが、秀子のすぐ下の弟は生後二ヶ月で亡くなっている。この時、ふだんはおとなしい道重が珍しく声を荒げてカマを叱ったが、それも家族を大切にする思いゆえであった。

秀子が大阪に住んだのは四歳頃までだった。そのうち昭和一六年に太平洋戦争が始まり、世の中は戦争一色の状況になってゆく。そして昭和一七年には道重が徴用され、広島の軍港、呉の軍需工場での勤務が決まった。秀子の一家は広島に移り住むことになったのである。

戦禍の中で

秀子は幼少期を過ごした大阪での思い出はおぼろげだが、広島での戦中戦後の思い出は鮮明だった。物心ついた年頃ということもあったが、やはり戦争をめぐる出来事というのは非常時だけに、いいも悪いも心に残るものなのだろう。

大阪から移り住んだのは、呉の軍需工場近くにある、安芸郡坂町小屋浦という地区だった。今ならＪＲ広島駅から呉線に乗って電車で約三〇分のところにある町である。この地に昭和一七年に引っ越したのだが、その年の冬に妹の由美子が生まれている。

戦況が悪化するうちに、確実に秀子の家族にも危機が迫っていた。近くの呉では軍艦が製造され、港は軍港であり、大小さまざまな艦船が浮かんでいたのを秀子は覚えている。

あの有名な戦艦大和がつくられたのも、この呉にある海軍工廠（軍需工場）であった。道重もそうした軍需工場で施盤工として働いていたと考えられる。

となれば秀子の住まう地域がアメリカ軍の標的となるのは時間の問題であった。やがて、たびたび爆撃機Ｂ29による空襲が起きるようになった。空襲警報が鳴り響くと秀子たちは急いで山の斜面に掘った防空壕に逃げ込んだという。

「もうほんとにすぐ真上をＢ29が飛んでる感じでしたよ」

と秀子は笑って言ったが、子ども心に巨大な鳥を見るような思いであったに違いない。

ところが昭和二〇年のある日、命にかかわる空襲が起きてしまう。七歳になる秀子は母親のカマとまだ幼い由美子とともに逃げ遅れてしまい、防空壕に行けなくなってしまったのだった。

ババババババッ！

Ｂ29の激しい機銃掃射が始まり、間近に弾が撃ち込まれて土煙をあげる。大慌てで三人は家の庭につくったにわか仕立ての防空壕に逃げ込み、木々で覆って蓋をした。

「そんなことをしたって上から見ればまるわかりなのにね」

と言って、秀子はまた笑う。

いや、ここは笑うところではない。母親のカマにしてみたら必死の思いであった。穴の中でカマは由美子を背負い、秀子を抱きかかえて庇いながら、

「もうダメかもね」

と諦めの言葉を口にした。

だが秀子はこの時、不思議なほど全く恐怖を感じなかった。なぜかと言えば、子ども心にお母さんという存在がしっかりと守ってくれているという、大きな安心感があったからだと語った。

「親っていうのがそれくらい大きく見えたんですよ。子どもは怖くならないんです。お母さんと一緒だったら」

母は強しということだろうが、当時の日本では各所でこういう危機的状況が起きていたのである。

こうして空襲の危機は逃れたものの、その年の夏、広島にはあの原爆投下があった。

八月六日の朝、秀子は小学校の校庭で友だちと遊んでいた。すると突然ピカッと空が光り、ドーン！と地響きのような大きな音が鳴った。さらにはどこからか黒い雲がモクモク

と湧いて広がり、不気味に低く垂れこめ、あたりの様相は一変したのだった。秀子はその時、友だちと一緒に防空頭巾を被って教室に避難したことを覚えている。

その後、秀子曰く「見るも無残な人たち」が小学校に次々に運び込まれて救護され、手当てを受けたという。亡骸は校庭の砂場に積まれていった。秀子の母、カマは救護隊の一員として駆り出され、怪我人の手当てなどにあたった。後に間接被曝したという認定を受けたというが、本人はいたって元気で健康被害はなかった。

カマが負傷者の救護にあたっている間、秀子は母親代わりとなって由美子の面倒をみた。夕食もつくったが、中でもおじやをつくるのがうまくなった。由美子は喜んで食べ、カマからも褒められて、秀子は家族の役に立つという喜びを知るのだった。

やがて八月一五日の終戦を迎えることになる。

その日、父の道重が働いていた呉の軍需工場が、空襲で全焼したとの一報がもたらされた。道重は帰って来ず、秀子とカマはもうダメかもしれないと覚悟をしたが、二日後にひょっこり道重が家に帰って来た。聞けば、空襲のあった時はいつもの軍需工場よりも遠い工場で働いていていて無事だったという。秀子は道重と手を取って喜びあった。

しかしながら、秀子の身辺で幸運ばかりが続いたわけではなかった。同年、徳之島から呼び寄せ、同居していたカマの母（秀子の祖母）が、無人の踏切で汽車にはねられて亡くなった。小屋浦の海岸ではアサリがよく採れ、祖母はそれを拾って来ては煮て、ひもじいであろう秀子ら孫に食べさせていた。そのアサリ採りの帰りに事故に遭ったのだった。徳之島には汽車など走ってはいない。警戒心も薄かったのだろう。秀子にとってカマの悲しむ姿を見るのは、子ども心に忍びないことであった。

また、サイパン島に在留していたカマの一番上の姉（秀子の伯母）は、アメリカ軍との激しい戦闘に巻き込まれ、投降を拒否し、息子とともに八〇メートルもの断崖から身を投じて犠牲になった。その自決者の数は一万人にのぼるともいわれ、いわゆる「バンザイクリフ」と呼ばれた悲劇である。しかも伯母の娘婿は現地人に殺されている。

このように直接的であれ間接的であれ、戦争による禍いは数多くの人に降りかかった。秀子の一家も例外ではなかったのである。

伯母の娘の結婚時のものであろう一家の写真が残されている。見るも痛々しいが、秀子は、

「忘れ去られてはいけない人類の歴史です」

と断じている。

戦後の恐怖

戦争は終わったが、秀子にとっての恐怖はそれからも続いた。

終戦間もない昭和二〇年九月。「枕崎台風」が西日本を襲った。特に呉地方では被害が大きく、水害で死者は千名を超え、多くの家屋が流失、浸水したという大災害となったのである。

秀子の家も浸水被害を受けて困っていたところ、道重のいとこから救いの手が差し伸べられ、江田島の元海軍兵学校があった近くに引っ越したのだった。しかし、その家が山の上にあったことから秀子の悲劇が始まるのである。

まず、小学校へは片道一時間ほどの時間をかけて通わなければならなかった。物資の乏しい時代だった。今では考えられないが履き物もなく裸足で、雨が降ると山の細道がジメジメとして不快だった。

そして通学途中の一番の恐怖は野良犬の存在だった。秀子を見るや、追いかけて来て噛みつこうとした。秀子は常に石ころを持っていて、襲われたら投げつけ、撃退しなくてはならなかった。

忘れられないのが、兵学校が近くにあったことから不発弾がまだ残っていて、目の前で突然爆発したことだった。

「パーッとまわりが一瞬夕焼けみたいになってね。何が起こったんだろうと思ってたら、爆弾が爆発したってわかって、もうびっくりして……」

また、通り道には、韓国人専用の火葬場があった。「アイゴー！　アイゴー！」と、嘆き悲しむ慟哭《どうこく》の声が、秀子の耳に今でも残っている。大人であれば同情をするのかもしれないが、子どもの秀子にとっては不気味な光景にしか目に映らなかった。それすら学校の行き帰りの恐怖の一コマだったのである。

ある日、秀子が友だちと一緒に下校していると、向こうから十人ほどのアメリカ兵の一団が歩いて来た。アメリカ人に捕まると残虐な目に遭わされるなどと、恐ろしい話を聞かされていた秀子らは青ざめ、大慌てで小学校に駆け戻って女教師の後ろに一列に並んで隠れたという。

ところがそのアメリカ兵たちが小学校にやって来るではないか。捕まえに来たのかもしれないと戦々恐々の思いでいると、彼らはとても優しく接してくれ、チョコレートなどのお菓子をくれたのだった。今では笑い話にしかならないが、戦時中は鬼畜米英という教育を受けていた秀子たちには当たり前の感覚であった。

楽しいはずの学芸会の思い出も、秀子にとってはホロ苦いものだった。「ネズミの嫁入り」という昔話をやることになり、担任教師が秀子をメインの役どころの、お日様役にと指名した。秀子にとっては名誉であり、嬉しいことではあったが、断らざるを得なかった。放課後に劇の稽古をしなくてはならないのだが、その役を引き受けると、家に帰り着く頃には真っ暗闇になってしまうからであった。

通学途中の数々の難儀や、暗闇そのものの恐怖を思うと、

「日が暮れるから早く帰りたいです」

というわけで、心ならずも断らなくてはならなかったのである。

恐怖体験ではないが、意外な失敗もあった。

帰り道、ノビルがたくさん生えているのを見て、

「これを刻んでおじやに入れたら美味しいはず！　みんなきっと喜んでくれる！」

と秀子は思い、ウキウキして夢中で摘んで帰った。ところがそれは自生しているのではなく、人が食べるために植えていたものだったのだ。後で知られて怒られ、ガッカリした

こともあった。

秀子にとって、江田島での思い出は災難続きだった。ただ、懐かしさだけは濃厚にあって、後年になっていずれまた訪れたいと思うようになったが、結局忙殺されて未だに果たせていないという。

そんな秀子の悲惨な状況を目の当たりにして、いたたまれなかったのだろう。道重がある時こう言い出した。

「こんな場所に住んで、子どもたちを育てるのはかわいそうだ。何があるにせよ、島（徳之島）に帰ったら何とかなるだろう。島に帰ろう」

というわけで、父の決断によって一家は広島を離れて徳之島に行くことになり、秀子はようやく日々の恐怖、不安から解放されたのだった。

ぬくもりの学び

徳之島での生活に入る前に、道重と秀子ら子どもたちとの、身も心も温まるエピソードを書いておきたい。

子どもの頃の秀子の楽しみは、道重の布団に潜り込んで、昔話ならぬ歴史話を聞かせてもらうことだった。

「さあ寝ようか」

という道重の声がけで、秀子は由美子と競い合うように父の布団の中に飛び込んだ。それは秀子が小学校四年生くらいまでの日課であった。寝床は暖かく、ことに暖房器具も満足になかった冬には、父の体は大きくて暖かかった。その心地よさを、秀子は今でも覚えている。

寝床で道重はいろいろな歴史にまつわる物語を語って聞かせてくれた。尋常高等小学校しか出ていない父親が、なぜそんなに歴史に詳しかったのかは定かではないと言うが、娯楽の少ない戦後のことである。秀子にとってこの上ない楽しみであった。

とりわけ覚えているのは、平安時代末期の衣川柵の戦いにおける歌の詠み合いと、楠木正成と正行父子の別れを描いた『桜井の別れ』のくだりだった。

前者は安倍貞任と源義家が合戦の場において、敵味方同士でありながら、歌の上の句と下の句をそれぞれ詠み合ったことで有名である。

「年を経し糸のみだれの苦しさに」（安倍貞任）、「衣のたてはほころびにけり」（源義家）

いにしえの貴人は心情をよく歌に託した。たとえ戦場の敵味方という立場であっても、このように歌を詠み合うのだから、歌とは生活とは切っても切れない縁であったのだろう。

秀子によればこの歌は、戦前の小中学校の先生なら、「ほとんどの方が知っておられた」という。

実際秀子自身も、中学の先生から、

「どんな時でも、こんなふうに歌を詠むくらいに心のゆとりを持ってやらないといけませんね」

と教わったこともあった。

後者の『桜井の別れ』も、戦前の修身の教科書には必ず載っていた逸話である。

決死の戦場に向かう武将、楠木正成が、同じく戦場に向かわんとする一一歳の息子、正行を諫《いさ》めて、今生の別れを告げる話だった。

道重はこの物語を語った後、唱歌の『桜井の別れ』（明治三二年）を唄ってくれたという。

父上いかにのたもうも
見捨てまつりてわれ一人
いかで帰らん帰られん
この正行は年こそは
未だ若けれ諸共《もろとも》に
御供《おんとも》仕えん死出の旅

これは三番の歌詞だが、道重はこの歌を唄いながら、父、道春や家族のことを思っていたのかもしれない。もっと想像をたくましくすれば、道重は道春からこの歌を聴かされていたかもしれないとまで考えてしまう。

いずれにせよ、道重の寝物語の経験は、秀子を学びの楽しさに目覚めさせた。秀子は今でも歴史と短歌が大好きで、多忙な間を縫って聴講生として大学に通い、歴史の勉強をしたり、短歌集の出版までしている。つまり、秀子にとっての学びの原点がここにあるのである。

もっとうがった見方をするのならば、道重の家族を大事にするという愛情のあらわれが寝物語となり、勤勉で慈愛ある秀子の情緒を育んだとも言えるのではないか、と考える次第である。

うなり神の島

徳之島には「ヨイスラ節」という島唄がある。

ふねのたかどもに（船の高い舳先に）
しるどりぬいしゅり（白い鳥がいる）
しるどりやあらぬ（でもただの白い鳥ではない）
うなりかみ（神）がなし（男たちの船旅の無事を見守る女たちの神様なのだ）

ここで言う「うなり」とは奄美の方言で「姉妹」であり、女性は男性の守護神という意味で「うなり神」と、賛美と敬意を込めて表現する。

また、「かなし」は古くは「愛し」と書かれ、身にしみて愛おしい、切ないほどにかわいいという意味も有している。「ありがたい」という感謝を意味する「とうとがなし」という言葉もあるが、がなしは尊いものにつける接尾語でもある。

つまり、奄美ではこのように女性を、最上級の言葉で賛辞しているのである。もともと奄美は家族の結束が強く、家族愛が強い地域だ。

なぜ家族愛が強いのか。

その答えが「うなり神」という言葉に、端的にあらわれていると感じる。家族の中心には常に女性がいて、妻として夫を支え、母として子を育て、家計のために働き、その身を犠牲にしてでも家族のために尽くすのである。

私が以前、仕事で奄美大島に行った際、ガイドの方の話で、昔から奄美の女性は本当に働き者である一方、男性はそうでもないといったニュアンスのことを聞いた覚えがある。

近頃ではジェンダー論などが盛んに言われているが、この「うなり神」は古来、それを先取どころか超越する、しかも理論ではなく実際の生活に根ざした現実論となっている。

女性は男性ほどの腕力はないが、男性を優しく見守り、時には癒し、それは男性のパワーの源になる。先に秀子と虎雄との関係性を陰陽二元論と書いたが、まさにそうした関係性が奄美には脈々と受け継がれているのである。

両親の、ことに母の姿を見つめながら育った秀子と虎雄もまた、互いを支え合い、尊敬し合うという感覚を、本能の如く身につけていたのだろう。だからこそベスト2の思考が生まれたのである。

秀子が尊敬する女性に、西郷隆盛（一八二八―一八七七）の妻、西郷イト（一八四三―一九二二）がいる。西郷の三番目の夫人で、幕末真っ只中の二一歳の時に結婚し、以来、西郷の非業の死や国賊という汚名を乗り越え、家族を支えて人生をまっとうした女性である。

歴史的に男系の思想が支配して来た日本では、表舞台に立ち、取り上げられるのはそのほとんどが男性である。例えば武家の男性の姓名は記録に残されていても、妻や娘といった女性の名はなかなか表には出てこない。

男性を支え、家庭を支えたはずの女性の記録が残っていないことに私などは違和感を覚えるが、秀子はそうした違和感を払拭するかのようにイトの生涯に思いを馳せ、一冊の本を上梓するまでに至っている。（徳田秀子、西郷隆夫、若松宏共著『西郷の妻――西郷隆盛と妻イトの生涯』ザ・パーム出版）

それほど秀子が西郷イトに惹かれ、尊敬する点はどこにあるのか。

残された数少ない写真の中のイトは、西郷の妻とは思えないほど、か弱い繊細なイメージだ、と秀子は書いている。にもかかわらずそのか弱き女性は、英傑の伴侶としての苦労を重ねながらも弱音は一切吐かず、家族への深い愛情と揺るぎない矜持を持って激動の時代を生き抜いたのだ。

イトは西郷が自刃した後、一旦は置いて行かれた多額の香典を、住む場所もあるし暮らし向きに差し障りもない、今後も何かお願いをして頼ることもないと、毅然として断り、香典を返したという。そしてその言葉の通り、家族に尽くし、守り抜いて生きたのである。

また、最晩年に養生している際、「食事は何になさいますか?」と問われると決まって「芋粥でよか」と答え、毎日芋粥を「幸せ」と言いながら食べたと記録に残っている。

これらのエピソードを眺めてみても、質実剛健であり、しかも倹《つま》しくも充実した生涯を送ったことがわかる。

こうしたイトのような気質も、薩摩や奄美地方で育った女性気質の典型であろうかと思う。やはり女性は「うなり神」「かなし」なのであり、そのような女性が中心にいるからこそ、家族みんなが支え合い、円満な家庭環境が築けるのである。

秀子もまた、尊敬するイトのように生きる人だと私は考える。人間というものは、同じ気質を持った人間に対して憧れ、シンパシーを抱くものだ。秀子の場合は憧れや共感といった机上のことにとどまらず、自分自身もイトと同じ道を歩んだと言い切っていい。

その原点はやはり徳之島出身である母、カマや、義母である虎雄の母、マツという二人の見事な「うなり神」にあると言ってもいいだろう。秀子も虎雄も働き者の母の背中を目の当たりにしながら、二人に恥じない生き方をしようと頑張り、今日の成功に結びついている。

徳之島はまさに「うなり神」に守護されてきた島であり、秀子と虎雄が出会い、青春時代を過ごした大切な故郷でもあるのである。

徳之島へ

秀子は湘南の海を初めて見た時、

「どうしてこんなに黒いの？」

と、たいそう驚いたという。

それはそうだろう。観光地化もされておらず、ゴミで汚れてもいない徳之島の海は別格である。秀子が広島を離れ、そんな美しい徳之島の浜に到着したのは昭和二一年一〇月のことだった。当時はまだアメリカの占領統治下にあり、秀子は家族とともにアメリカ軍が用意した大きな艦船に乗ってやって来たのだった。巨大な船で、船底に何千人もの人たちが座れたという。当時、カマは生まれたばかりの三女の加代子を背負っており、家族五人での移住となった。

艦船だから直接浜につけることもできたが、その時は迎えの伝馬船が沖まで来て、移住者を港まで運んだのだった。妹たちは母や父に背負われて安全に伝馬船に乗り移ることができたが、秀子はたった一人で、海に落ちてしまうかもしれない恐怖を感じながら飛び移った。

徳之島は沖縄本島から北北東約二五七キロメートルに位置する、鹿児島県大島郡に属する奄美群島の島である。面積は約二四七・七七平方キロメートルで、周囲は約八九・二キロメートル、現在の人口は二万一五六八人（二〇二三年五月時点）となっている。徳之島町・伊仙町・天城町の三町で構成され、秀子が移り住んだのは徳之島町の亀徳という集落で、浜からは百メートルほどしか離れていない場所であった。

当時の家はみんな貧しかった。茅葺《かやぶ》きの家で、家というよりも小屋という方がしっくりとくる。家だけでなく、秀子が通った亀徳小学校も茅葺きで床もなかった。雨が降ると水が流れて来てビショビショになる状態であったという。もちろんここでも当然のように裸足だった。

現在の亀徳小学校に、校内を裸足で歩く当時の子どもたちの写真が残っている。

「慣れたら痛くはありませんよ。でも裸足っていうのは健康にはいいんです。足裏には体全体のツボが集まってるからマッサージになるんですよ」

とケロリとして秀子は言う。

秀子の話を聞いていると、今の子どもたちは物に恵まれてはいるが、生きる上での知恵や工夫がいかに足りていないかを実感する。

戦後はどの家も貧しかったとはいえ、秀子の家はその中でも特に貧しかった。

父親は港湾労働者のような仕事をしていた。港には船着場がないため、大きな船が来ると伝馬船を漕いで停泊している船まで行き、荷物を運んで収入を得た。あとは畑で野菜を育てて糊口《ここう》をしのいだのだが、田んぼがないので米もつくれず、秀子ら子どもたちはいつもお腹を空かせていた。

秀子はときどき妹と二人で浜に出て、食べられる藻や貝を拾い、それが食卓に並ぶことも珍しくはなかった。畑で採れるサツマイモも育つまでは食べられないので、芋の蔓、ネギやニラといった野菜ばかり食べていた。

いよいよ食べるに困った時にはカマが自分の着物を売ってやりくりしたというから、本当に貧しかったのだろう。ようやく戦争が終わって、島に来れば何とかなるだろうという目算は、貧しさによって阻まれたのである。

唯一と言ってもいい贅沢といえば、豚を食べることだろうか。子豚を飼って丸々と太って育つと、正月にお隣さん同士で助け合って捌《さば》き、一年分食べる肉として干すのだという。また背脂（ラード）をとった後の〝あぶらかす〟を野菜と一緒に炊いて食べた。もちろん背脂も貴重で、壺に入れておいて、炒め物や天ぷらなどの料理をつくる時に使った。たまに背脂の中にあぶらかすが残っていて、秀子はそれを見つけてつまみ食いするのが楽しみだったという。

小麦粉は、ＧＨＱ（連合国軍最高司令官総司令部）による配給があった。他の家では味噌を使って団子汁をつくるのだが、秀子の家はそうした調味料さえ満足にないので、海水で煮ただけの団子汁であった。当然ながら白く濁った、味気のない団子汁にしかならなかった。

ある時、いつも仲良く遊んでいる近所の女の子に、秀子の家の団子汁を食べさせた。本当は食べさせたくなかったのだが、お昼時になっても帰ろうとしなかったので、やむなく出したのである。

女の子は白い団子汁を不思議そうに見て、

「ヒデちゃんとこは味噌を使わんの？」

と訊いてきた。

だが秀子はまともに答えるのが恥しく、知らん顔をして食べさせた。

ところがその女の子は家に帰ってお母さんに、

「ヒデちゃんとこの団子汁は真っ白で、味噌の色がしてなかったよ」

と報告をしたのだった。

するとお母さんは、そんなことを言うものではないとたしなめ、

「ヒデちゃんとこにはね、白味噌というものがあるんだよ」

と言ったのだった。

その後、女の子が秀子に、

「白味噌があるん？」

と訊いたことで、秀子はお母さんの話を知った。

白味噌も何も味噌自体が家にないのだから、秀子は曖昧な返事をして誤魔化した。後に大阪に出てきてようやく白味噌の存在を知ったくらいであったから、この時は白味噌が何たるかもわからず、誤魔化すしか術《すべ》がなかったのである。

もちろん女の子のお母さんは、秀子に恥をかかせないために白味噌と言ってくれたのだった。そうしたささやかな温情も恩として、秀子は今も忘れない。

「小さい時の貧しさって、なんだかんだと心の中に残りますね。でも、自分も（女の子のお母さんのような）そういう親にならないといけないなと思いましたし、お母さんがそう言って庇ってくれたんだということは忘れないようにしています」

その言葉の通り、女の子のお母さんが亡くなってからは、島に帰る度に墓参を欠かさないという。

「お米と晴れ着ともらえるならどっちがいい？」

子どもの頃、カマがふと、こう問うてきたこともあった。

秀子は即座に、

「お米」

と答えた。

カマがなぜそんなことを問うたのか。やはり親として、日頃子どもが日々の生活についてどう思っているのか、気がかりだったのだろう。やっぱりそうかと思ったのかどうか定かではないが、子どもが不憫《ふびん》な思いをするというのは、親としては身を切られるような気持ちになるものである。

またこの頃、三女の加代子が懸命の看病の甲斐なく、病気で亡くなってしまった。家に十分なお金があったのなら、病院に連れて行くことができ、助かる命であったかもしれない。両親の落胆ぶりは相当なもので、秀子としてもその心中を思いやるのに余りあった。

とにかく秀子の徳之島での子ども時代の生活は、貧困が身にしみるようであった。もっとも、秀子は子どもなりに親を理解し、自らが耐えることで折り合いをつけていたのだろう。

さて、貧しいながらも徳之島の生活にも慣れ、小学校六年生になった頃、

「秀子ちゃんに田植えを手伝ってもらえないか」

とカマに声をかけたのが虎雄の母、マツであった。

秀子の家の畑と徳田家の畑は近く、そこでカマとマツは知り合い、ともにお茶を飲むほど親しくなったのだった。

秀子は不思議と働くことは苦ではなかった。しかも何某《なにがし》かの報酬を得られるのなら断る理由はどこにもなかった。

田植えの現場には、虎雄の父徳千代と、秀子より学年が一つ上の、虎雄の姿があった。徳之島地方の男性は比較的小柄であったので、大柄な虎雄は一際目立つ存在だった。

その後、秀子は田植えの手伝いだけではなく、農作業の手伝いを何かと頼まれるようになった。秀子はその度に懸命に働いたのだが、後々のことを思うと、その働きぶりを見てマツは気に入り、ゆくゆくは虎雄の嫁にと考え、虎雄にも話していたようであった。

とはいえ、秀子自身は虎雄をそれほど意識することもなかった。むしろその後の虎雄の行動からすれば、彼の方が秀子に一目惚れをしていたのではないかと思わせられるのである。

もちろんその頃の秀子はのちに虎雄と結婚し、大変な人生をともに送ろうとは夢にも思っていなかっただろうが。

初恋をめぐって

一般に初恋は成就しないと言われるが、虎雄と秀子の場合は成就した。いや、二人のその後を考えれば、成就しすぎた感が否めない。

私の虎雄に対するイメージがガラッと変わったのは、秀子から虎雄との青春期の恋のエピソードを聞いた時だった。

ブルドーザーのようにガンガン突き進む押しの強い人物像であったものが、実に繊細で純真な人物像へと劇的に変貌したのである。そしてふと、繊細さと純真さこそが生涯変わらぬ、虎雄の本質なのではないかと感じたのだった。

昭和二六年（一九五一）に秀子は亀津中学校に入学した。

秀子は中学一年生の頃、いつも友人と二人で通学していた。海岸線の道路を歩いている先に曲がり角があり、そこにシンボルのような大きな石があった。その石のところに差し掛かると、毎日のように虎雄が追い越して行った。だが秀子は気づかず、友人とのお喋りに夢中になっている。

その話を虎雄は結婚後にしたというが、いかに虎雄が秀子を意識していたかがうかがえるエピソードである。

またこの頃、虎雄は同級生の女の子に頼んで、秀子に交際を申し込んでいる。当時の田舎の女子中高生などは総じて、今では想像もつかないほど恋愛に関しては奥手でうぶな時代でもあった。秀子は返事をするのにも恥じらい、ずいぶん長い間、イエスともノーとも答えなかった。

うぶと言えば「結婚してるから言えるけど」と前置きをしてから、秀子は新婚初日の虎雄との会話を、笑いを交えて話してくれた。

その晩、虎雄はこう言ったのだ。

「今日はぼくの布団のとこにきたらいいね」

「え？　だけど私にもお布団はあるし、（一緒に布団に入るだけで）子どもができたらどうするの」

「バカ。何もしなけりゃ子どもはできないんだ」

当時は満足に性教育もされていなかった時代である。いや、当時としてもこれほどの純情も珍しかっただろう。

映画全盛期の頃だった。秀子はお気に入りの俳優について語り合うこともあった。例えば友人が「錦ちゃん（中村錦之助）がいい」と言えば、秀子は「（石原）裕次郎がいい」と言った。秀子は石原裕次郎が今でも好きだと言うが、大柄で、奥行きのある、包み込むような優しい声がタイプだという。だから虎雄にもそうしたイメージをダブらせ、告白されて嫌な気はしなかった。

虎雄からプレゼントとして最初にもらったのは、西洋の絵が描かれたきれいな紙箱だった。箱にはリボンが巻かれている。どんな素敵な物が入っているのだろうと胸をときめかせ、蓋を開けてみると空っぽだった。秀子は「突飛なことをする人だから」と言うが、虎雄にしてみれば手紙や小物などを入れてほしいと、真剣に願って贈ったのかもしれない。

秀子が中学二年で虎雄が三年の時、数学の先生が同じであったことから、模擬試験を学年にかかわらず一斉に行った。貼り出された結果を見ると、虎雄より秀子の方が上位となり勝っていた。このことは勉強熱心で優秀だった虎雄にとってショックであり、秀子という存在をさらに強く意識させられることになった。

他方、虎雄はモテたという。告白してくる女生徒もいたようだが、それを許さなかったのは母のマツだった。

「秀子ちゃんにしときなさい」

というわけである。

このような初恋であったから、ゆくゆくは成就するのが当然と言えば当然であったが、この後もし中卒で就職していれば、

「虎雄と結婚することもなく、別の人生を歩んでいたでしょうね」

と秀子は言った。

さて、人間の運命とはどちらに転ぶか紙一重だというが、秀子の場合は人生の節目節目で良き出会いに恵まれた。

次に書く中学時代の恩師もそのうちの一人であった。

恩師との出会い

給食制度など整っていない時代、中学では弁当持参だった。先にも書いたように日々の食べ物にも苦労する秀子の弁当といえば、サツマイモや野菜の煮付けだけということが多く、たまに白米が入っていてもおかずはなかった。思春期を迎えた少女にしてみれば、見られるのも嫌で、いつも隠して食べていた。

そんな秀子の様子を担任教師は見ていたのだろう。担当教科は数学で、清瀬先生といったが、他の二、三の生徒も一緒に誘って、自宅に招いて昼食を食べさせてくれたのだった。しかも先生の奥さんの手料理である。味噌汁や、時には当時大変貴重だった卵を使った料理まで食べさせてくれた。悪いと思って遠慮したい気持ちはあるのだが、美味しい手料理の誘惑には勝てなかった。

勉強の方は、当時は塾もないし、あったとしても秀子のように貧しいと行けるはずもない。そこで夏休みになると先生らが特別に教えてくれた。秀子は数学では虎雄に勝ったほどであり、先生も彼女の将来に期待を寄せていた。

「昔の先生ってすごくいいですよ。先生だって給料はそんなに多くはないと思うけど、お昼ご飯を食べさせてくれたり、授業の他に勉強を教えてくれたり、我が子同然に尽くしてくださいました。今もああいう先生がいたらいいんですけどね」

と、秀子は当時を振り返る。

かつて先生を聖職者と呼んだが、それはやはり生徒の気持ちに寄り添うことを第一に考え、生徒のために行動したからである。子どもたちに教えるということは、先生が保身を考えていてはできないことだ。

やがて中学三年となり、秀子にも進路を決めなければならない時期が来る。秀子は高校に進学したかった。だが、貧しい生活を考えてみれば、中学を出て就職をして、給料を家計の足しにするのがいいのではと考えるのが当然であった。実際、親からも「お金がないから、高校へは行かせられない」と言われ、秀子も進学を諦め、そのつもりでいたのだった。もちろん当時の奄美はまだＧＨＱの統治下にあり、総じて高校進学率は極めて低かったに違いない。

そうして秀子が夏休みの特別授業にも出ないでいたある日、二人の先生が秀子の家を訪ねて来た。そして両親に高校へ進学させるよう、直談判を始めたのである。

「お嬢さんはこんなに成績がいいんです。進学させてあげないと、一生後悔しますよ。奨学金という制度もあります。ぜひお嬢さんを高校に行かせてください」

秀子は「我が子同然」と言ったが、まさにその通りの先生方の熱意であった。これには父の道重も心を動かされ、飼っていた牛を売って秀子を進学させることにしたのだった。

高校進学が決まったこの瞬間、秀子は虎雄と結ばれたといってもいい。秀子自身こう語っている。

「その高校進学がなければ、その先の大学もなかったし、（医学部に入った）主人との縁もなかったと思います」

秀子は俗世間で言われるような、学歴の釣り合いが取れないことを指して言っているわけではない。虎雄は医者になることを目標として、常人ではないほど日夜猛勉強に励み大阪大学医学部に合格をした。彼と結婚して二人三脚で将来を見据えた時、同じ志を果たすために努力をして、つまりベスト2であるために、秀子は後に近畿大学薬学部に入学した。虎雄と同じレベルの労苦を知らないでいては、到底添い遂げることなどできなかったのである。

だから秀子は――

「これまでの人生で一番大きな運命は、徳田虎雄という男性と結婚したことですか？」

という問いかけに対し、

「そうでしょうねえ……亀徳という同じ村に住んで……でも、高校を出ていなかったら結婚はなかったと思いますよ」

と言うのである。

徳田虎雄の原点

徳之島で秀子と虎雄が結ばれるくだりを書く前に、徳田虎雄のことを書いておきたい。

私が本書を書くにあたって得た資料（本やドキュメンタリーTV番組など）においては、刺激的なキャッチコピーが並んでいた。売るためには刺激によって購買（視聴）意欲をそそる手法なのだろう。商売の手法としてはいいのかもしれないが、徳田虎雄という一人の人間の存在を考える時、もう少し公平無私の視点が必要にも感じる。

「生命《いのち》だけは平等だ」

徳田虎雄という人間の正体は、この言葉自身である。それ以上でも以下でもない。弟の死を目の当たりにしての誓いであり、たったこれだけのシンプルなテーマを掲げ、これまで数々の病院を開設して来た。

これに対し批判的な論法というのは、そのテーマを達成するために、裏ではあくどいことも辞さないし、毀誉褒貶《きよほうへん》が甚だしいといったものだ。だが私が秀子から聞き取り、資料を紐解いた限りでは、誰もそのような批判をする資格はないと痛感した。もし批判できる人がいるとすればたった一人、秀子だけである。

徳田虎雄は、自らの実体験をもとに、切実な思いのままに医療や政治活動を続けて来た。そこに至る努力たるや尋常ではないすさまじいものがあった。ただ単に側で仕えたり、ともに働いてきたからといって、周辺を取材したからといって、彼の核心に触れるなどとてもできないと感じる。批判をする人は、批判することで商売をしているのではないかと、そんなことを思わせるほど、「生命だけは平等だ」という言葉の内には、揺るぎのない真心がある。

そう、「生命だけは平等だ」は、徳田虎雄自身の肉体そのものであり、心そのものなのである。

徳田虎雄は昭和一三年（一九三八）二月一七日に、兵庫県の加古郡高砂町（現・高砂市）にて、父、徳千代と、母、マツの間に生まれた。

マツは急に産気づいて虎雄を一人で産み、気を失った。産婆が駆けつけた時には、虎雄は泣きもしないで床に転がっていたという。産婆が虎雄の体を叩いてようやく泣き声をあげた。紙一重のところで命が救われたという事実が、その後の虎雄の人生に少なからず影響を与えていると感じるのは深読みしすぎだろうか。

また高砂では、虎雄の二番目の姉が夜中に病気になり、徳千代が往診を頼みに行ったが医者が来てくれずに亡くなっている。激怒した徳千代は医院の看板を叩き壊し、ドブに投げ込んだと虎雄は語っている。

昭和一五年（一九四〇）、虎雄が二歳の時に、両親の生まれ故郷である徳之島の亀津村（翌々年に亀津町になり、昭和三三年に徳之島町となる）に転居したのだが、その後昭和二二年（一九四七）に、虎雄の人生を決定づける、原点となる不幸が起きた。

ある日、三歳になる弟、豊秀が、夜中にひどい下痢と嘔吐を繰り返した。そこで当時九歳だった虎雄が真っ暗な中を診療所まで懸命に走り、往診に来てほしいと頼んだ。だが医者は虎雄が土下座をしてまで頼んだにもかかわらず、すぐには来てくれなかったのだった。

その結果、豊秀は明け方に亡くなってしまった。救えたかもしれない命が、無残に見捨てられた瞬間だった。

虎雄少年の脳裏には、

「貧しい百姓の倅《せがれ》だから診てもらえず死んだんだ」

「金持ちならすぐにでも往診してもらえただろうに」

と、憎悪のような怒りの気持ちが渦巻き、その後の人生を決定づけることになった。

すなわち――

「生命だけは平等だ」

という誰も否定できない、生涯のテーマ、哲学が生まれた瞬間でもあった。

実はこの時、父親の徳千代は闇商売をやって捕まり、服役中だった。人一倍責任感の強い虎雄は、弟を助けるのは自分しかいないと考えたのだろう。それだけに弟の死という出来事は大きかった。また、高砂での姉の死という伏線もあったかもしれない。

戦後間もない貧しい時代のことである。秀子と同様、虎雄少年は子ども心に貧しさによって冷遇され、差別される現実を、敏感に感じ取った。ましてや本島から見放されたような島暮らしともなれば、その思いはなおさらであった。だが他のことならいざ知らず、命を差別という理不尽さで失ったことは、全身を貫くほどの衝撃をもって憤りを感じたのである。

同時にそれは人命への慈しみ、深い愛情の誕生でもあった。後に虎雄は〝年中無休二四時間オープン〟という前代未聞の医療システムを掲げて病院を次々に開設していくが、弟の死という原体験、つまり患者への愛がそれをさせたのだった。

例えば身内を亡くした経験から、一人でも多くの命を救いたいとして医者や看護師を志す人は数限りなくいる。その動機は立派であり、実際にそれをバネにして医療従事者になる人も多い。それはそれで立派なことであるし、少なからず社会に良き影響を与えるだろう。

ところが虎雄が志したのは、個人レベルを遥かに凌駕《りょうが》したもので、「世界の厚生省」になることを公言し、日本から世界へと「生命だけは平等だ」という哲学の輪を広げ、命の差別を根絶しようとしたのである。

この圧倒的なスケール感はどこから来たのか。

私もあれこれとその本質を探ろうと試みてみたのだが、やはり「生命だけは平等だ」という哲学にどうしても回帰してしまう。

虎雄も言っているが、命は絶対的存在であり、差別なく同じ愛情を注がれるべき存在であり、貧富はもちろん国籍も肌の色も関係なく、不当に差別されたり、理不尽に虐げられてはならないのだ――ということに尽きるのである。

虎雄の行動を否定するということは、生命は平等ではないということになり、差別を容認するということになる。ここで普通の人であれば、理想と現実という言葉、あるいは本音とタテマエという便利な使い分けをして誤魔化す。つまり、理想はその通りかもしれないが、現実的にはそれは不可能だ、と。「生命だけは平等だ」なんて、そんなのは所詮きれいごとではないかと。

だが虎雄は常人ではない。異端中の異端である。私は政財界をはじめ、これまで様々な異端児を見て、話をうかがったりしたが、共通して言えることは、彼らの筋は徹頭徹尾通っているということであった。そして世の中のほとんどの人は、その筋を曲げて妥協して生きているという現実も知った。異端児と呼ばれるのは常人ではできない偉業を、命を賭すほどの労苦を重ねながら達成してきたからだ。彼らは決して逃げはしないし、己の行いについて嘘をつかず、自己保身には走らない。彼らの中にあるのは常に利他であって、利己ではないのである。

虎雄のライバルは母

このように虎雄は「弟の死」を原点に、まずは自らが医者になることを目指し、勉強に励んだ。一日一六時間は勉強をしたというが、これくらいしないと徳之島の百姓の倅が医者になることなど到底無理だと、自覚していたのである。

昭和二九年（一九五四）、高校二年生の時に蓄膿症の手術のため、大阪大学医学部で治療を受けたことが縁で、虎雄は志望大学を大阪大学医学部一本に絞った。その後、受験勉強のために大阪府立今宮高校に編入し、本格的な受験勉強を始めたのだった。合格するまでの二年間は一日も休むことなく、また徳之島に帰ることなく猛勉強を続けた。

「人生の基本は全力投球だ」

と虎雄は書いている。その姿勢はどのような状況に陥ろうとも変わることはない。彼には目標とする良きお手本があった。

それは母、マツの存在である。大正三年（一九一四）に生まれたマツは、幼い頃に父親を亡くしたことから満足に学校も行けないままに、母親の仕事の手伝いをして家計を支えた。だがマツはろくに学校に行かなくても、いつもクラスで一番の成績を残したというから、もとより相当な秀才であったのだろう。

最近、「親ガチャ」というネット上で生まれた造語が若者たちの間で流行った。これは持って生まれた容姿や家庭環境における貧富は親の影響であり、それは子どもにとって選択できない運次第であることを、スマホのガチャゲーム（課金などしてアイテムを得る際、どんなアイテムを得られるかわからないシステム）に例えた言葉だという。つまり、自分の容姿や能力（遺伝）や環境（経済）は親次第という観点から、己の運のなさを嘆くネガティブ思考の側面から語られる場合が多い。

こうした昨今の若者の思考の是非を論じる以前に、親と子の関係性というものが時代を経るに従い、いいも悪いも変わってきていると言わざるを得ないのではないか。少なくとも、核家族化に伴って家族の形が変わり、親は子のために、子は親のためにという無償の情愛を注ぐ環境が希薄になりつつあるように感じる。

それを痛感させてくれるのが虎雄とマツとの関係性だ。

虎雄は、母親というものは子どもに対して「夢を語り、希望を語り、ロマンを語ることだ」と言う。

「ぼくのおふくろは、徳之島で一番大きい商店のあの人はこういう苦労をしてね、それでこういう節約をして、あれだけ大きい店をつくったんだって、というような話をいつもしていた。ご飯は朝炊くんですって。朝、ご飯を炊いて前に置いてね、芋を食べるんですって。人が来たらご飯を食べていると思われるようにね。そのご飯をまたお昼の時にも前に置いて芋を食べて、夜、仕事が終わってから手を合わせてご飯を食べたんですって。と、そういう話をする。するとやっぱり節約をしないといけないないなと思う。美味しいものを食べても一回食べたら終わり、だから食べ物にお金を使うなとも言っていた」

そして虎雄は母親たるもの、

「人の悪口や欠点ばかり話してはいけない、この人はよく頑張っている、あの人はここがいいところだという話をしないといけない」

とも語っている。

昨今のSNS上では、他者に対する批判や不平不満、場合によっては罵詈雑言《ばりぞうごん》に満ち溢れている。家庭内においても、親が子どもの前で学校や先生の批判、誰かを蔑《さげす》む悪口を言うなど珍しくはないだろう。これでは先生も尊敬されないし、いじめが起きてしまうことは想像に難くない。問題はそうした負の連鎖を招いていることに大人が無自覚である点だ。それは自分たちの憂さを晴らしているだけで、相手を思いやる気持ちなど微塵《みじん》もない。

だがマツは違う。マツは虎雄に対してこうなってほしいという夢を語りながら、同時に実生活に役立つ生活の規範をも教えたのである。

さらにマツは、己を犠牲にして子どもたちのために朝から晩まで働きづめに働いた。

その様を虎雄は、

「母の寝顔を見たことがない。母は眠らない人、休まない人、よく働く人であった」

と書いている。

しかもマツは、サトウキビの畑仕事や、熱い窯で煮詰める作業といった、本来であれば男性がやるはずの重労働さえも愚痴の一つもこぼさずに黙々と毎日こなしたという。

その背中を見て虎雄は育ったのである。

母親がこれだけ頑張って尽くしてくれているのだから、自分はもっと頑張らなくてはいけないし、人のために尽くさなくてはいけないと考えるのは、虎雄の必然であった。

虎雄が夜遅くまで勉強していても、マツは勉強が終わるまで、縫い物などをしながら待っていた。虎雄にしてみれば、マツが眠らないから自分も眠るわけにはいかないといったことで、まさしく母は切磋琢磨《せっさたくま》する存在であり、虎雄のライバルだった。

「夢を達成するために現実を見極め、圧倒的な行動力と忍耐で物事を達成する」

こうした虎雄の生き方の原点は、マツの生き方でもあり、価値観でもあったわけである。

もちろんそれは秀子の母、カマにも通じる生き方であり、秀子自身の生き方にも大きな影響を与えた。

先にも書いたが、まさにマツやカマは家族や男性の守護神たる「うなり神」そのものであり、後に達成する虎雄と秀子の夢の原動力となったのである。

秀子がマツの人となりを詠んだ歌がある。

質素倹約
働きづめの
賢母なる義母《はは》

努力の天才と
夫は云えり

秀子はマツのことを「頭が下がる方」として尊敬している。虎雄は秀子に、

「母は努力の天才だ」

と言ったというが、その「努力の天才」の遺伝子を虎雄も、

「しっかりと受け継いでいる」

と秀子は語っている。

虎雄が「生命だけは平等だ」という哲学を掲げ、秀子と力を合わせて忍耐強く「患者のための」病院を開設できたのは、親の権力や財産によってではなく、家族に尽くす、人に尽くすという親の愛情によるところが大きいといえるのである。

ここで虎雄の父、徳千代についても触れておきたい。虎雄はマツだけでなく、徳千代の影響も大きく受けているからである。

徳千代も賢い人であったというが学歴がないために良い仕事にも就けず、貧しい生活か

ら逃れるように酒を飲んだ。集会で飲みつぶれてはマツに背負ってもらって帰宅したというから、筋金入りの酒飲みだったのだろう。だが、人から頼みごとをされて断ったことはないという、典型的な利他心の人だった。

例えば徳千代は、自分の家の貧しさも顧みず、配給の小麦粉でうどんをつくり、村はずれに住んでいた貧しい人たちに振る舞ったりした。自分の畑でサトウキビが多く穫れた時は、その収入でサワラを買って親戚や隣近所に分け与えた。

終戦直後に砂糖をつくって密売するという闇商売を始めたが、儲けたお金で村のみんなに食べ物を与えている。戦後、住むところがない引揚者が島に帰って来ると、徳千代はその人たちのために小屋を建てたこともあったという。

ある時、儲けたお金で牛一頭を買い、村の人たちに食べさせた。肉料理などなかなか口に入らない時代の話である。食べた村の人の一人が、「牛肉を腹一杯食べたのは初めてや」などと話しているのをたまたま警官に聞かれ、それがもとで闇商売がばれて徳千代は逮捕されてしまうのである。

だが虎雄はそれほどまでして人に尽くす父親を尊敬していた。

「政治家とか役所や農協の人間とか学校の先生とかは百姓のことなんか守ってくれない」

と徳千代が言うのを虎雄は覚えているが、虎雄もまた後に同じ心境に至るのである。

考えてみれば、徳千代が大酒を飲んだのも、そうした権力に対しての無力さ、思うようにならない我が人生の情けなさ、やるせなさのせいだったのかもしれない。そして虎雄は後に徳千代の無念を晴らしたといえよう。

虎雄の祖父はよく、

「塩一升、毎日使える家になれ」

と言っていたという。

昔の塩は貴重であった。それを贅沢に毎日使って人に料理を食べさせることができる。

虎雄はこれを、

「人のことを一生懸命にやって多くの人に貢献できるように散財する家になれということだと思う」

と語っている。

いわば徳田家の家訓でもあり、虎雄はその通りの人生を歩んでいるのである。

牛小屋での誓い

さて、秀子は中学の恩師の後押しもあり、昭和二九年（一九五四）の四月、徳之島高校に進学することができた。

真新しい制服、靴、そして好きな勉強ができて友人との出会いがある。しかも七〇〇円の奨学金を得ての高校生活だった。

当時の高卒初任給がおよそ五九〇〇円の時代である。七〇〇円といえば現在の価値で二万円ほどだろうか。このお金で秀子は鉛筆やノートなどの文房具や、石川啄木や与謝野晶子の歌集などを買った。余れば母親に渡し、家計の足しにしてもらっていた。

たった一枚の制服のスカートも大切にした。二キロほどの道のりを歩いて行くので、雨が降ったりするとびしょ濡れになったという。帰って来るとアイロンがないのでひだをきちんと整えて、自分の寝る布団の下に敷いて寝た。

一番嫌だったのは中学校の時と同様、昼食の時間だった。お弁当のおかずは相変わらず、大根だったら大根だけ、じゃがいもだったらじゃがいもだけといったものだった。友だちに見られるのが恥ずかしくてやはり隠して食べた。

でも、そういう生活も含めて、秀子は高校に行けるという喜びを噛み締めた。

充実した環境の中で勉強に励むことができ、秀子が中学時代の恩師や両親に感謝し、恩返しする気持ちは人一倍であっただろう。結果、総合点では学年で二番だったが、数学は飛び抜けてできたのでいつも一番の成績だった。

またこの年、弟の哲也が生まれている。貧しい家庭状況には変わりなかったが、秀子にとっては希望に満ちた日々を送っていた。

そんな最中の昭和三〇年（一九五五）、秀子が高校一年生として迎えた春休みのある日のこと。秀子の人生を決定づける出来事が起きる。

秀子は虎雄に誘われ、虎雄の家の牛小屋で二人きりで会った。傍らには当然、牛もいたであろうが、デートの場所が牛小屋とは、徳之島らしい、いや、虎雄らしいといったところか。

だがこの時、虎雄は、絶対に人には知られてはならないミッションを秀子に伝える決意をしていた。それには誰にも見られず、他人が入って来られない場所でなければならなかった。牛小屋は虎雄にとって格好の場所だったのだろう。

そこで虎雄は秀子に思いがけない話を打ち明ける。先にも書いたが、虎雄は何が何でも大阪大学の医学部に入ると決めた。そのためには大阪の高校に編入して受験勉強に励み、合格するまで徳之島には帰らないという。

そして合格した暁（結果的に四年後となった）には――

「必ず迎えに来るから待っていてくれ」

と、虎雄は言ったのだった。

つまり、秀子はここで虎雄からプロポーズを受けたということになる。恥じらいの中で秀子は、黙って頷き、受け入れるだけであった。

この時、秀子はまだ一七歳。彼女の心境を考えれば、プロポーズを受けたことで胸がいっぱいになり、将来のことなど何も考えられなかっただろう。ところが虎雄の方は一八歳という年齢にもかかわらず、人生設計を完璧に思い描いているのである。

普通の人間であれば、医者になるならまずは大学医学部合格を最大の目標とするだろう。だが虎雄の場合は、医者になって今まで見捨てられてきた患者の命を救うということが最大の目標であって、医学部合格は通過点にすぎなかった。

さらには自分が医者としての目標を達成するためには、秀子という伴侶が必要不可欠だと考えたのだった。つまり、ベターハーフではなくベスト2として秀子と人生を歩むことが、自分の夢を達成するためにどうしても必要だと判断したのである。

虎雄は「目標＝行動＝実現」が同時に脳内に生まれる人だと感じる。だから、己がこうと決めた目標は、決めた瞬間に実現した瞬間でもあるのである。

私が以前、中国古典に精通した方に取材した際、その方は私が小説を書いていると知って、狙う文学賞があるのなら「すでに賞を獲ったと（過去形で）考えるのです」と言ったのだった。実際にその方は息子の受験の前に、目指す大学の門前で合格したつもりで親子並んでツーショット写真を撮り、見事合格を果たしている。

人間はそれほどの情熱がなければ、物事を達成することは困難だということだろうか。到底手が届かないからと諦めていては、その時点で負けなのである。絶対に自分にもできるという信念がないと目標到達のエネルギーは半減する。

そして虎雄はその信念の権化のような人なのだ。しかも己のためではなく、患者のため、弱者のために目標達成しようとする。その足腰は恐ろしく強靭《きょうじん》だ。

虎雄は目標について、こう語っている。

「目標というのは、若い時はお母さんのためとか、愛する人のためとかから始まると思う。そしてだんだんと、人のため、人類のため、と大きくなっていくものだ。人間というのは自分のためには頑張りがきかないものだが、愛する人のためなら頑張りがきく。愛するお母さんのために頑張り、愛する人のために頑張り、愛する子どものためになら頑張ることができる」

虎雄の言う通り、人間は自分（利己心）のためより他者（利他心）のために行動することで最大限の力を発揮できるものだ。なぜなら利己心は単なる個人の欲望にとどまるからであり、利他心はその良心が家族から社会へと広がり、連鎖するからである。理想的な目標というものは本来、人生と社会を豊かにするものなのである。

もっとわかりやすく書けば、虎雄の利他心は愛そのものであった。

虎雄は、愛（利他心）についてこう言っている。

「一番大切なのは、相手の立場に立ち、我が事と思って全力投球できる愛の大きさ、人が持つ最初の愛は、我に対する愛だ。小さい時には自分が美味しいものをたくさん食べたいと思う。ぼくは弟が四人いたから、ちらっと見て他のきょうだいの分が多いと、内心ちくしょうと思っていた。誰でも最初はこういう動物的な、自分に対する愛情がある。しかしそのうち、苦労しているおふくろのために頑張って、大切にしてあげたいと思うようになる。その次は、家族のために頑張ろうと思う。母や弟たちを徳之島の貧乏百姓のままで苦労させたくない、家族みんながすこしは幸せになれるように頑張ろうと思う。そしてその次は、愛する人のために頑張ろうと思うようになる。ぼくの場合は、初恋の人、秀子さんのために一生懸命に頑張ろうと（笑）」

照れ笑いを交えて語っているが、「秀子さんのために一生懸命に頑張ろう」というのは本心であり、原点は牛小屋でのプロポーズにあったわけである。

プロポーズに戻る。

二人が牛小屋を出た時、秀子は虎雄と握手を交わした。虎雄に求められて応じたものだが、秀子にとって、プロポーズに対する精一杯の返事であっただろう。

春だった。丘にはこでまりの白い花が咲き乱れ、秀子の目をうった。この時の心情を、秀子は短歌に認め、こう詠んでいる。

こでまりの
咲きみつ丘にかけ登り
君に触れ初めし

十七の春
また、初恋が成就した喜びも歌に託している。

初恋は
実らぬものと言われしが
二人の恋は
成就叶ひぬ

こうして虎雄は思い残すことなく徳之島を離れ、大阪で受験勉強に打ち込むことになった。そして秀子はその帰りを待つことになるが、医者の妻となることはイメージできても、まさか数多くの病院を設立し選挙運動までやるとは夢にも思わなかったに違いない。
だが秀子と虎雄の夫婦の原点は、確かにこの「牛小屋」と「こでまり」の花にある。そのイメージはあたかも虎雄と秀子の姿そのものであり、生活に追われながらも夢を追うという、その後に繰り広げられる人生そのものに感じるのである。

第二章

ベスト2を目指して

苦労もやりがいがある

本当に苦労をしている人は誰かに指摘をされるまで自覚がなく、過ぎてしまえば苦労を苦労と思わず、どこかあっけらかんとしているものである。これは先に書いた利他心によって行動をしているためだが、逆に利己心で行動している人に限って、深刻そうに、問われもしない苦労話を自らする傾向にある。

一章の冒頭でも少し触れたが、秀子と話していると、並の人なら潰れてしまいそうな、明らかな苦労話でも、突き抜けてしまって明るく、あっけらかんとしている。これは虎雄も同じだろうが、結局は自分のためではなく家族や社会のために尽くす行為などは当然のことであって、苦労してはかえって人様の迷惑になる恥ずかしいことだと思っている印象がある。

ある時秀子は虎雄と一緒に、ヤクザの夫のために妻が苦労するというテレビドラマを見ていた。秀子が何気なく、

「奥さんも大変ねえ」

と呟《つぶや》いたのだが、虎雄が、

「お前だってそう思われてるかもよ。いや、徳田虎雄の女房は大変だって絶対思われてるよ」

と冗談まじりに言ったという。

リラックスしてテレビを見ている時もそのような思いにかられるということは、虎雄自身に秀子に対し、苦労をさせているという自覚が常にあった証だろう。

また、秀子はある人からこう言われたそうである。

「(石原) 慎太郎さんの奥さんと虎雄さんの奥さんは大変だよね。よくついて行ったよね」

だがこの話を秀子は実に楽しそうに、

「人にそう思われているなら、苦労もやりがいがあると私は思いますね。自分の慰めにもなりますよ」

と言って笑っている。

しかし、秀子の話を聞いていると、苦労にもほどがあると感じる瞬間が多々あった。

それもこれもベスト2とならんがための苦労なのだが、はっきり言って、言い出しっぺの虎雄はガンガン突き進めばいいが、それについて行き、しかも家庭や生活のフォローをする秀子の身になってみれば大変な現実的な労苦を伴ったはずである。

高卒後、虎雄と結婚してからの秀子は、虎雄が次々に決める、あるいは自分の定めた目標を達成するために忍耐と努力を重ねた。

本章ではその目標に向かってゆく若き日々を書いてみたい。

新たな旅立ち

単身大阪に行き、受験勉強に励む虎雄と、徳之島で高校に通う秀子は、文通によって近況を伝え合い、互いの変わらぬ気持ちを確かめ合った。

やがて秀子も高卒後どうするかという、岐路に立つことになる。当初は、高卒後は短大にでも進学し、ゆくゆくは教師にでもなりたいという望みもあったが、家の経済状況や、奨学金の返済のことを考えると、現実的には就職の道しかないと秀子は考えていた。

担任教師からは、銀行か役場なら秀子の成績ならまず採用されるだろうと太鼓判を捺《お》された。手紙で虎雄に相談すると、選挙によって人事に影響が出ない、実力主義の銀行の方がいいだろうという返事だった。

そこで秀子は就職先を、当時は現地採用を始めて間もない鹿児島銀行に決め、試験を受けた結果、見事に受かったのだった。徳之島高校からは五名の志望者がいたが、採用されたのは秀子ただ一人であった。昭和三二年（一九五七）のことである。

こうして秀子は銀行員としての一歩を踏み出す。ちなみに月給は九〇〇〇円で、当時公務員の大卒初任給が九二〇〇円というから、大卒と遜色ない高待遇であった。苦労をかけている両親にも給料をほとんど渡して家計の足しにしてもらい、時には妹たちに服などを買ってやった。奨学金の返済も滞りなかった。銀行員としても優秀で、そつなく仕事をこなし、行内の評価も高かった。

一方の虎雄は大阪大学医学部を受験するものの、二度落ちた。さすがに心配をした母、マツが、志望校のレベルを落としてもいいのではないかという内容の手紙を送ってほしいと、秀子に頼んでいる。

虎雄の性格をよく知る秀子は、彼のプライドが傷つくのではないかと危惧しながらも、マツの要望を断れずに書き送った。すると思った通り、「以後の文通は断る」といった内容の手紙が届いたのだった。

一切の妥協をせず、目標にまっしぐらに突き進む虎雄である。この気持ちはわかるが、マツとの板挟みとなった自分の気持ちもわかってほしいと秀子にも意地があり、詫びの手紙も出さなかった。

そんな中で迎えた昭和三四年（一九五九）の正月、思いがけず虎雄から年賀状が届いた。この時の心情も、秀子は歌に託している。

一枚の
賀状に秘めし君が愛
胸にしみつつ
くり返し読む

秀子の喜びが伝わってくるが、耐え難い孤独を味わっていた虎雄の心情もよくわかるエピソードである。あれほどの一徹な虎雄が折れるほどの秀子の存在は、すでに掛け替えのないものになっていた。

そして年賀状の届いたその年、虎雄は念願だった大阪大学医学部に見事合格するのである。三月の終わり、久しぶりに帰郷した虎雄は、銀行に勤める秀子に会いに来た。

「（虎雄は）痩せていて、すごいオーラがありました」

と秀子は述懐するが、虎雄のすさまじい努力を端的に物語る言葉である。

だが秀子の中では、喜びも束の間、複雑な感情が芽生えていた。それはつまり、

（私がこの人について行くには、今のままではダメかも……）

という、虎雄に対する引け目だった。そこで秀子は、

「私も短大か、大学でもいいから行きたいわ」

と言ったのだった。

すると虎雄は、

「ヒデ、薬学部へ行け。ぼくが医者だから、君は薬剤師になるのがいい。夫婦っていうのはな、少しでもレベルが近付かないと、一生うまくいかないとぼくは思うんだよ。だから、君は薬学部を受けるんだ」

と勧めたのである。

秀子は戸惑った。

「薬学部なんて難しいでしょうし、私にできるかしら」

「何言ってんだ。中学校の時はぼくより（勉強が）よくできたじゃないか。努力しなかっ

たら自信がなくなるんだよ」

虎雄はとにかく「できない」ということを言わせない男だ。「やれるように工夫するのが当たり前だ」と言うのである。だがその半面、人をやる気にさせる男でもあるのだ。

ところが、薬学部受験の話を銀行支店長にすると、つれない返事が返ってきた。

「そんな甘いもんじゃないよ。もう嫁に行く年なのに、薬学部なんてお医者さんの子だったり、医者の子が裏からお金出して入るところなんだよ」

同僚からは、

「相手が医者だからついて行くのか」

とまで言われたりした。

今でもそうだが、絶対にできない、無理だという人は、それをやったことがない、本気で挑戦したことのない人である。本気で挑戦をした人であれば、こうすればできるかもしれないとアドバイスを送るはずだ。

秀子は支店長の言葉について、そうかなとは思いつつ、挑戦する道を選んだ。

「先の心配ばかりして挑戦しなかったら、もしかしたらあの時成功したかもわからないって、後悔するかもしれないと思いましてね。やってみてできなかったらその時はその時だと考えたんです」

　このあたりのアクティブさは虎雄にはお似合いだと言えた。

　ところで、後年に過去を振り返って虎雄自身が掲げた「無謀な目標」というものがある。それは――

一、医者を志したこと。
二、大阪大学医学部の受験を決めたこと。
三、高卒で銀行勤めをしていた秀子に薬学部を受験させて薬剤師にしたこと。
四、四人の弟をすべて医者にしたこと。
五、全国に病院をつくると決めたこと。
六、徳之島から選挙に出て代議士になったこと。

　などだが、この通り秀子の薬学部受験、薬剤師になるというのも無謀だと自覚していたわけである。

虎雄のすごみは、無謀な挑戦であること、常識とはかけ離れているとわかった上で結果を出している点にある。これについて虎雄はこう語っている。

「徳田虎雄の挑戦はすべて間違っているのに、なぜ結果がついてくるか。九九％不可能でも一％の可能性があれば、全力投球で、努力努力また努力、無理な努力、無駄な努力、無茶苦茶な努力で乗り越えたからだ。一％の可能性でも、渾身の力を振り絞って、寝ても覚めてもその目標に対して動けば、達成できる」

言うは易しだが、虎雄はこの言葉通りの努力（あるいはそれ以上の努力）をして結果を出している。虎雄を批判できるかできないかという一つには、彼に比肩するほどの努力をしたかと問われた答えで決まるのではなかろうか。

もちろんこの無謀な挑戦の源は「生命《いのち》だけは平等だ」であり、繰り返しになるが、誰も否定しようのない真理がもととなっているからこそできたことだとも言えよう。

さて、虎雄はその後、秀子を迎えに来た際、薬学部のある大学と、看護学校の受験資料をとっておいてくれたのだった。秀子は薬学部がダメなら看護学校でいいかという思いに一瞬とらわれたが、彼女にも意地があった。一旦決めた以上は絶対に薬学部に行くんだと決意を新たにしたのである。秀子の性格もあるが、虎雄が頑張って医学部に合格したという影響も大きかったのだろう。

やがて二人は結婚し、徳之島を離れて大阪で新居を構えることになる。その船上で秀子は、もう帰れないかもと、心細い気持ちで離れてゆく島の方を見ていた。そんな時、虎雄は秀子にこう言った。

「ヒデ、人の夢はね。目的意識を持って頑張れば、努力すれば必ず叶えられるんだよ」

虎雄の言葉に励まされ、秀子は決意も新たに前を向いた。

だが、大阪での苦労は、彼女の予想以上のものだったのである。

貧しさの中で

こうして昭和三四年（一九五九）の秋、秀子と虎雄は大阪で新婚生活を始めた。二人が二一歳の時のことである。新婚生活といえば聞こえはいいが、箕面《みのお》市の牧落《まきおち》という町にある、一軒家の二階に下宿をしたのである。今でこそ賃貸マンションやアパートに入ってプライバシーが保たれるが、当時はまだ間借りする下宿スタイルが珍しくなかった。

虎雄が大学に通う一方、秀子は受験勉強に勤しんだ。だが一風変わったとはいえ、甘い新婚生活である。気持ちに緩みが出るのは否めなかった。このままでは受験勉強に身が入らないと感じた秀子は、一年間の約束で、単身で叔父の家に下宿することに決めた。当時、父の弟（叔父）の家が天神橋筋六丁目にあったのである。一方の虎雄も理解してくれて、自分は学生寮に入ったのだった。

予備校に行く金銭的余裕などなかった。秀子は月曜日から土曜日まで、大阪府立中之島図書館に一日中籠もって勉強をした。朝、七時に家を出て、路面電車に乗り、図書館には八時頃に着いた。秀子曰く「人と人の間は苦しいから」ということで、自習室の一番端の席を取るために朝一番に行ったのだった。秀子が受験する頃の薬学部は、高校時代に習っていなかった幾何や図形といった数学Ⅲが受験科目に入っていた。

「(行き帰りの）電車に乗っている時も、あの問題はどうしたら解けるんだろうってずーっと考えて歩きましたもんね。ある時なんか、階段から落ちそうになったりして」

というように、勉強漬けの日々だった。

この中之島図書館での勉強期間中、見ず知らずの二人の男性からラブレターをもらうなど、アプローチをされている。秀子にとって、結婚をしているのはもとより、何としてでも薬学部に入って虎雄とともに同じ道を歩み、生きてゆくのだという必死の覚悟で勉強をしているのである。ごく普通の受験生とはわけが違う。そんなアプローチなど歯牙にもかけなかったのは言うまでもない。

土曜日には、学校が早く終わる虎雄が図書館に来て教えてくれた。秀子はそれまでわからないところをチェックしておいて、まとめて虎雄に教わった。終わると御堂筋をぶらぶら歩いて二人で帰った。

途中、安いお好み焼き屋に入り、二人で食べるのが楽しみだった。ささやかでも二人にとっては贅沢なひと時だった。鉄板に乗るお好み焼きをつついて食べながら、夢を語り合う二人が目に浮かぶようである。

そうした猛勉強の甲斐あって、模擬試験でも数学と化学の成績がよく、「この試験結果以上の実力はある」といったコメントがつけられるなど、着実に力をつけていった。

やがて秀子は二度目の挑戦で、昭和三六年（一九六一）、近畿大学薬学部に見事合格を果たしたのである。新妻の大学生というのは当時だけでなく、今でも珍しく、これだけでも進取に満ちている。

ところが合格したのはよかったがすぐに大きな問題が持ち上がる。それは高額な入学金と授業料をどう工面するかということだった。虎雄は授業料を払いながら二人の生活のために家庭教師を掛け持ちし、時には肉体労働までしている。生活するだけでもギリギリなのに、この上入学金や授業料を負担するのは到底無理だった。

秀子が相談できるのは父、道重しかなかった。当時、道重は出稼ぎのために同じ大阪に住み、鉄工所で働いていた。道重は秀子の話を聞くと、虎雄と秀子のこれまでの努力を無にするわけにはいかないと、徳之島の畑などを売ってお金を工面してくれたのだった。

親というものはいつ何時でも子どものことが気がかりで、心配なものである。虎雄と秀子の生活環境のことは道重もわかっていたはずであるし、こうなることは覚悟をしていたのだろう。出稼ぎをしていたのも、徳之島の家族を支えることもあったが、秀子たちの夢を叶える手助けをしたかったからである。

叔父の家で下宿する約束の一年が過ぎると、二人は八尾市の下宿に移り住んだ。家主には夫婦であることは伏せ、兄妹として同居していた。秀子が大学入学を果たしたことで夢には一歩近づいたが、依然として貧しい状況は続いた。

月に一度、道重が秀子のもとを訪れ、三千円のお金を置いていった。道重に食事を出すにしても、特別な料理をつくるお金がなかった。いつものように鶏ガラスープに豆腐と玉ねぎを入れて味噌汁をつくり、あとはご飯だけを出すのが精一杯だった。

とはいえ食糧のない、明日の命がどうなるかわからない戦中戦後を生き抜いた道重のことである。秀子が元気で、虎雄とともに幸せでいてくれただけでもありがたかっただろう。

後に虎雄が外科医として勤務し始めた頃、道重に鶏肉料理を出した際、

「ヒデちゃんの家でもお肉が食べられるようになったか……」

としみじみ言われたという。

この言葉の中に、子を思う親心が滲《にじ》み出ている。実際、秀子が受験勉強を経て大学生活を送っている頃、徳之島の実家も家計は大変だった。道重が出稼ぎをしている間、母、カマは一人で家を守り、三人の子どもたち（秀子の二人の妹と弟）を養育していた。

後に秀子が知ったのは、実家では学校に納めるお金がなかったり、親戚の家にお金を借りに行ったり、庭で採れたきゅうりを売りに行ったりしたなどという、貧しさに困窮する有り様であった。

夢を追い、達成するためには、必ずと言っていいほど何か、誰かを犠牲にしなくてはならない。だが親は子に対する苦労を犠牲とは思わない。秀子の両親も犠牲とは思っていな

かったはずである。なぜならそれは家族としての必然であり、絆であり、愛情だからである。

秀子はそんな苦労をかけた両親に、感謝を捧げる歌を詠んでいる。

子を持ちて
後も親に無理を言ひ
何も言わずに
吾を支え給ふ

試練を乗り越える

こうして秀子も無事に薬学部合格を果たし、新婚生活に新たな一ページが加わった。虎雄も医者になるために勉強に励み、生活のためにアルバイトを続けた。ただ、周囲の目もあって、結婚していることは伏せての通学だった。

そんな秀子に虎雄は、「落第するから絶対に欠点は取るなよ」といつもプレッシャーをかけてきた。その甲斐あって、秀子の成績は優秀だった。男子学生などはテストになると秀子の後ろに来て、テスト用紙を「見せて」と言ってカンニングをしていたくらいだった。

また家庭教師のアルバイトを得るために学生部に行くと、職員から返さなくてもいい奨学金制度を利用してはどうかと勧められ、奨学金も得るようになった。

ところが昭和三八年（一九六三）一月に虎雄の父、徳千代が亡くなったのを機に生活が一変する。秀子がまだ大学二年生、虎雄が四年生の時のことである。

虎雄の気がかりは母、マツのことだった。徳千代を失いすっかりやつれたマツを見かねて、弟たち（友助、貴則、千代吉）と一緒に引き取り、大阪で一緒に暮らすことに決めたのである。

当時、すぐ下の弟、友助は京都大学の医学部を目指して浪人中だったが、この年に合格を果たしている。虎雄はその下の貴則、千代吉もゆくゆくは医者にしたいと思っていた。それには都会でレベルの高い勉強をさせた方がいいとも考えたのである。

住居は八尾市の文化住宅を借りた。経費を節約するために、虎雄は再び大学の寮に入った。秀子の身を思えば、大学に通う生活にようやく慣れた頃で、また生活環境が変わるというのも大変であったろうと察せられるが、日々をいかに乗り切るかで頭の中はいっぱいだったに違いない。

このままだと経済状況は逼迫の一途をたどるのは目に見えていた。そこで大阪で美容師の資格を持つ虎雄のいとこの女性がいたことから、彼女のもと、美容院を始めることにしたのだった。

身内だけで始めたその店は『シェーネ』（ドイツ語で「美しい」という意味）と名付けられ、学業の傍らで秀子は経理を受け持ち、マツが雑用をこなしたりした。と、言葉で書くと簡単だが、開業資金の返済はもとより、秀子は家計のやりくり、学業、家事、虎雄の弟たちの世話を並行してやらなければならなかった。

さらにこの頃、秀子の体調に異変が生じる。身ごもったのだった。これは予想外のことであり、当初は嬉しさより戸惑いの方が大きかった。

（生活はどうなるのか、学業はどうしようか……）

不安の中で虎雄に打ち明けたが、彼は、学業はいつでもできるが、子どもは今しかできないと言ってくれた。

とはいえ、妊娠中の学業は大変だった。ツワリの真っ只中で家事をやり、試験勉強をしなければならなかった。三年には進級したものの、さすがに育児をしながらの学業は無理だと判断し、一年の休学を決めたのだった。そうして一〇月に誕生したのが長女の徳美である。

ところがその後、四年生になる前の昭和四〇年（一九六五）の九月に長男、哲が誕生して再び一年休学し、さらには卒業年にあたる昭和四二年（一九六七）には次女の美千代を懐妊し、九月に出産するのだった。

子育ての経験のある方ならわかるだろうが、たった一人の子どもだけでも、手が離れるまで育てるのは時間やお金のやりくりが大変なのである。ましてや生活に追われ、学業を抱えての育児ともなれば相当の困難を伴う。今でこそようやく社会も変わってきて、育児支援の体制は整いつつあるが、当時はまだその意識は薄かった。

秀子は、試験勉強などは時には子どもを傍らに置いて、寝かしつけながらやった。つらかったのは卒業試験の時だった。三人目の子どものツワリの真っ只中で受けて、さらには薬剤師の国家試験も待ち受けていたという過酷な状況であった。

だが卒業に六年（当時の薬学部は四年で卒業）かかったものの、試練を乗り越え、秀子は無事に卒業を果たし、薬剤師の国家資格も得たのである。

やればできる

秀子は大学時代当時のことを思い返して、

「まあ人のしない、いろんな苦労をしましたけど、それでも何とかね。ここまでこぎつけたからよかったと思うんですけどね」

と、明るく言った。

また、虎雄は当時を振り返ってこう語っている。

「大学に入ってすぐに島から家内を連れて結婚して、家内を大学に入れて、おやじが死んだあと弟三人を大阪に呼んで養った。家内は子育てをしながら、ぼくは生活のためにアルバイトをしながら苦労に苦労を重ねて大学を卒業した。本当に聞くも涙、語るも涙だ」

「聞くも涙、語るも涙」と聞けば浪花節的に感じるかもしれない。だが実際のところは泣いている暇もないほど時間とお金に追われていたに違いない。

秀子と虎雄のこの時代について別の見方をするならば、人間はどんな困難な状況になっても、やればできるのだという、挑戦する勇気を与えてくれる。無謀だ、無理だ、無茶だと言われたことを誰かがやってのけてしまえば、それは無謀でも無理でも無茶でも、何でもなくなってしまう。

野球で言えば二刀流の大谷翔平選手のようなものである。以前は「プロで投手と打者の両方をやるなんてとても無理だ」とプロの批評家がこぞって言っていたが、それができてしまうと「世界一の野球選手だ」と掌を返して褒め称えた。

そして一人ができてしまうとそれを目指し、続く人が必ずあらわれるものだ。そこに人間の進歩があるのである。

虎雄も大谷選手のようにやってのけた人だが、その陰には秀子という大きな存在があった。とにかく、何ごともやってできないことはないという証明を、二人はすでに若き時代から実証してみせた。それが後の困難を極めた病院づくりや国政選挙を乗り越える礎となったのである。

今の若い人には、ぜひ虎雄と秀子の生き方から学んでほしい――と書けば説教臭いと思われるかもしれない。だが説教臭くてもいいから、学んでほしいとさえ感じる。先に書いた若き日の挑戦までのヒストリーだけでも知れば、どんな困難な状況にあっても、夢は必ず叶うと理解できるからだ。

だがそのためには、質の高い目標を掲げ、達成するための圧倒的努力が必要だ。

私は以前、オリンピック選手を目指して挫折し、その後企業家として成功した人の取材をしたことがある。その人はコーチから「お前には努力が足りない」と言われたそうだが、実際は人並み以上の努力をしていた。

ところがその人曰く、「最低でも九〇％の努力はした」が、残りの一〇％を加えた「超人的な努力ができなかった」というのだ。その証拠に、超人的努力をした先輩は、金メダルを獲ったのである。

それでもその人は企業人となってからは超人的な努力の末、無謀だ無茶だと言われた事業形態で起業をし、順調に業績を伸ばして成功を収め、今日に至っている。

虎雄は全力投球という言葉を多用するが、そうでなければ高い目標には到達できないという。高い目標を掲げているからこそ、全力投球ができるともいえる。そうした厳しい環境に身を置き、努力し、己を鍛え上げてゆく。途中でたとえアクシデントが起きようが、乗り越えるたび、対処する能力、知恵が身につく。

人間は弱い生きものだから、言い訳をつくってできない目標よりできる目標にするか、別に目標などなくても生きていられると開き直ったりする。だがそうなってしまうのは、自分のためだけの目標を掲げているからだ。

虎雄や、彼を支える秀子のように、これまで救えなかった人の命を何としてでも救うという、質の高い目標を掲げれば、言い訳すること自体が嘘になってしまう。その目標を達成するためにはただひたすら努力をして一歩ずつ山を登り、頂上に達するしかないのである。言い換えれば、嘘や言い訳をしたとたんに助かるべき命が助からないという事態になるのだ。

もちろん秀子と虎雄が大学で学んでいる頃は、このようなことをずっと考えて頑張ったわけではないだろう。だが、虎雄の原点である「生命だけは平等だ」という哲学がその根底にしっかりとあったからこそ、乗り越えられたのである。もしこれがただ単に医者になること、薬剤師になることを目的としていたのならば、挫折していてもおかしくはなかった。

努力と頑張りという点において、利己心が利他心に勝ることはないのである。

秀子と虎雄の物語に戻る。

秀子は困難の末に大学を卒業したが、この間、虎雄は昭和四〇年（一九六五）に大阪大学医学部を卒業し、翌年には大阪府の公立病院に勤務している。

秀子の卒業を機に、マツと虎雄の弟たちとは別居して新居に住むことになった。別れの寂しさはあったが、ここからが本当のスタートだと秀子は気持ちを新たにした。

新居は古い棟割り長屋――狭い炊事場と六畳間と三畳間だけで、隣家とは壁一枚で仕切られていた――で大きくはなかったが、ようやく我が家を得て虎雄との家庭が持てたという実感があった。

虎雄の働きぶりについては後述するが、当直を掛け持ちするなど一週間のうち一日だけ帰宅するといった激務だった。当然ながらそれは自分が望んでやっているのである。秀子はそれを理解しており、子育てに邁進しながら家庭を守った。

実は長女の徳美、長男の哲、次女の美千代の出産後、昭和四三年（一九六八）の一一月に三女の眞理、昭和四四年（一九六九）一二月には四女のゆかりが、昭和四六年（一九七一）五月には次男の毅、昭和四七年（一九七二）一〇月には五女の真紀子が誕生している。つまり秀子は結婚して一〇年と経たないうちに七人もの子の母親となったのだった。

虎雄の勤務状態からすれば、ほぼワンオペ育児であり、これはもう子育てだけでも戦争状態だったことは想像に難くない。それでも秀子は夫を支え、子どもの成長を見守ることは幸せな日々であった。

　ところがそんなある日、虎雄が、

「ヒデ、病院をつくるぞ！」

　と言い出したのである。

　虎雄が口にするということは、必ずそれをやり遂げるという前提である。虎雄は「できない」ということを言わせない男だ。できて当然であり、できないことがあり得ないのだ。「病院をつくろうと思うがどうだろう？」などと生温いことを言っていては実現できないとわかっているのである。「ヒデ、病院をつくるぞ！」でおしまいだ。秀子にしてみればどうなるかわからないが、虎雄に協力してやってみるしかなかった。

　こうして二人は昭和四六年（一九七一）、病院づくりの第一歩を踏み出したのだった。

病院づくりに向かって

　ふつう人間というものは、学校でも職場でも新しい環境に入れば、まず自分を馴染ませようとする。馴染めばいいが馴染めない時はストレスにさらされ、辞めたり、行かなくなったり、ひどい時にはうつ病を発症したりするものである。

ところが徳田虎雄という人は、どうも環境の方を自分自身に合わせようとしているようにも思える。自分の哲学、価値観に合わなければ環境の方を変えて合わせさせるというのである。

実際、虎雄は大阪大学医学部在学中、『博士号ボイコット運動』を起こしている。これは多くの医学生が、患者と直に接して診察や治療を行う臨床経験を疎かにしていることを疑問に思い、先頭に立って東大や京大など、名だたる大学の医学部をまわって組織化に奔走したのだった。

「本当はぼくも博士号を取りたかった。しかしそれでもやはり正しいことをしたい、とボイコット運動をした」

と、いかにも虎雄らしい気持ちを率直に語っている。

この姿勢は昭和四〇年（一九六五）に大学を卒業後、一年のインターンを経て公立病院勤務となってからも変わらなかった。いや、変わらないどころかパワーアップしている。

虎雄が当直した日はすべての救急搬送される患者を受け入れ、治療にあたったのだった。病気でも事故でも、運ばれて来た急患を拒むことはなかった。

昭和四〇年代は戦後のモータリゼーションを背景に、交通事故死者が急増して〝交通戦争〟とまで呼ばれていた。そんな中で救急搬送されて手術を受ければ助かったはずの命が、搬送拒否やたらい回しによって失われるという実態が社会問題化していた。

また、病院内での医療体制にも大きな問題があった。当直医にしても、虎雄曰く、

「当直室にカバンを置いて、勉強をするかテレビを見るかして当直室から出てこない。患者がお腹が痛いと言ってますがと当直室に電話があったら痛み止めを指示すればいいのだ」

という有り様であった。

また、虎雄が勤めていた公立病院では、時間外の患者は当然のように追い返していた。虎雄が宿直の時、看護師が「(患者を)断ってあげましたから」と、得意げに言った。外科医の虎雄に楽をさせるために、気を利かせて内科の患者は全部断ったという意味だったのだが、当然ながら虎雄は怒った。

「(当時は)それほど医療人がわがままな時代だった」

と述懐している。

虎雄はそんな悪環境にも敢然と立ち向かい、孤立無援の戦いをやってのけた。

「生命だけは平等だ」という哲学を持つ虎雄にとって、そのような問題があろうがなかろうが、すべての命を助けるという姿勢は同じであった。しかも当時の医者の多くは土日ともなれば完全休養し、ゴルフなどに興じるのは当たり前の世界だった。虎雄とは、医者としての価値観、存在意義、根本理念が一八〇度違っていた。そんな既存の医者たちやシステムに反旗を翻すのは当然のことであった。

虎雄は医者一年目にして――

「今日からこの病院の院長は徳田虎雄である」

と固い決意をした。

院長ともなれば何ごとも必死であたらなければならず、フル回転で虎雄は病院の仕事をこなした。治療だけでなく、事務方が保険請求をしていたら見てやった。たちの悪い患者が看護師といざこざになっていたら仲裁に入る。それでワイシャツを破られたこともあった。重症回診も行ったが、他の医者が見落としていた胃穿孔《いせんこう》の手術をしたこともある。

日曜日の出勤もそうだが、当直の外科手術ともなれば看護師が嫌がるものだが、虎雄が手術をするとなると何人も集まって来た。なぜなら虎雄は手術の後など、みんなに寿司を振る舞ったからだった。また、年に二回のボーナスが出ると、スタッフを高級ホテルのバイキングに連れて行ったりもした。虎雄は「スタッフの和を大事に」と語っているが、人心の操縦に長けていたと言わざるを得ない。

何より虎雄には、秀子と子どもたちとの生活の安定を図る必要があった。医者としての腕を磨くということもあったが、公立病院勤務の他、アルバイトでいくつもの病院を掛け持ちして働き、当直も人と代わってまでやって生活を支えたのだった。

結果、一週間に帰宅するのは一日という有り様だった。その日にはマツも交えて、家族一同で夕食を食べるのだが、ふだんは焼き魚にご飯といった粗末な食事なのに、その日だけは豪華だった。刺身が食卓に並んだが、秀子は虎雄の刺身だけは寿司屋から取り寄せ、自分や子どもたちはスーパーで買った安物を食べていた。

そんな事情も知らないマツは「贅沢をしている」と思い込み、秀子とちょっとした軋轢《あつれき》もあったという。

秀子は笑いを交えてこう語った。

「生活費を稼がないといけませんから、日曜なんかも自分が交代して人の分まで働いて。そんな時は看護婦さんに寿司を奢ったりしてました。看護婦さんたちにモテるようにね。だって日曜日の仕事ってみんな嫌がるでしょ。だからそうさせないようにって、上手ですよね。『今日は徳田先生の日だ。お寿司が食べられる』とか言って。それがまた病院の前に都合よく寿司屋さんがあるのよ。その当時は握り寿司なんてそう食べられない時代でしょ？　だからみんな当直したがるんですよね。もちろん（虎雄の）自腹ですよ。私の家はサバの焼き魚くらいしか出せないのにね」

虎雄が病院勤務をしている間、秀子は子育てに追われながら、家を守った。なにぶん、当時はすでに数人の子どもがいた。紙おむつもない時代のこと。おむつを洗うだけでも大変な労力だっただろう。家計も依然として苦しかった。子どもが増えるにつれ、家も手狭になってゆく。

一般的な認識なら医者といえばお金持ち、といったことになるのだろうが、子沢山で公立病院の勤務医ともなると生活するのがやっとの状態であった。よって、その苦境から一刻も早く抜け出す必要が出てくるのは時間の問題だったのである。

ある時、虎雄は秀子にこう言った。

「いつまでもこんな借家住まいをしていては自分としても不甲斐ない。だから早く病院をつくらないといけないいな」

もちろんそれは秀子にとっても切望するところでもあった。まずは貧困から抜け出して広い家でも建てようなどと夢を描くものだろうし、実際、秀子も、

「子どもたちのためにも広い家が欲しい」

と願っていたのだが、虎雄が言い出したのはそのためにも、

「早く病院をつくらないといけないな」

ということであった。（もっとも、マイホームはずっと後の、選挙戦を始めた頃まで待たなければならなかったが……）

常識的に考えれば開業医という発想になるのだろうが、虎雄の選択肢にはそれがなかった。なぜならそれは自分たちのためというより、どうしても患者たちのためという理念が先行するからである。

机上の話で考えるのなら、病床のある病院をつくって安定した経営ができればそれはもちろん理想的ではある。だが、資産がないどころか畑を売ってまで苦学した夫婦なのである。端から見ればそれは夢のまた夢、無謀で実現不可能な発想だった。

だが、虎雄の最大の理解者である秀子にとっては、その夢、目標を聞いてもさほどの驚きもなかった。これまでの虎雄の言動と言行一致の姿勢、何が何でも目標を達成するとい

う信念と努力する姿勢を目の当たりにしてきたのである。何より、自分自身が無謀だ、やめろと言われた大学進学を、虎雄の後押しによって果たしたのだ。病院開設に向けて、ともに頑張るのは必然であった。

神様はいる

とはいえ、元手のない病院建設ともなれば、困難を極めた。

虎雄はまず、大阪府下の主要都市における、人口あたりの病床数が不足している地域を調べた。そして松原市と大東市が不足しているとわかり、松原市に狙いを定めた。

次には病院を建てるための土地を探さなくてはならない。虎雄は仕事の合間を縫って、松原市内を歩き回り、キャベツ畑だった農地を見つけた。そして土地の所有者と交渉の末、「病院をつくるのであれば」ということで許可を得た。

昭和四六年（一九七一）のことである。

問題はやはり資金だった。買収には二二〇〇万円のお金が必要であり、手付金として二〇〇万円を近いうちに支払う必要があった。そのうちの一〇〇万円は虎雄がどうにかかき集めてつくったが、残りの一〇〇万円がどうにも都合がつかなかった。

「どうしたらいいかなあ」

と相談を受けた秀子は、一生懸命に知恵を絞り、やがて金融公庫から借りるという手段を思いついた。

もちろんまだ病院建設もできていないどころか、土地を買おうというタイミングの話なので、まともには融資を受けられるはずもない。それを伏せて親族が経営する美容院の経理をしていることを生かし、美容院の資金繰りとして融資してもらえないかと掛け合うことに決めたのだった。

そうともなればまず役所へ行かなくてはならないのだが、秀子はいつものようなみすぼらしい格好ではダメだと考えた。当時、着るもので贅沢をしたといえば、わずか二〇〇円のブラウスを義母と一緒に買ったくらいであった。質素といえばこれほど質素なこともないが、その時はたった一枚持っていた着物に、一人でも簡単に結べる文化帯を締めて、役所の担当窓口へと向かった。

秀子が若い担当者に事情を話すと、彼は親切にも金融公庫にまで同行してくれ、説得してくれた。その結果、わずか二週間後に融資が下りたのである。その話を思い返しながら

秀子はふと、

「目の前のものを一つずつ乗り越えてさえいけば、必ず未来が拓けるんだっていうのを、自分のいろんな経験から学びましたね」

と言ったが、やればできないことはないという自負は、常に秀子と虎雄の人生の中心にあった。

こうして手付金は何とかなったが、次は残りの二〇〇〇万円の融資を受けなければならない。虎雄は当初、借入先をある商社に定め、依頼をした。ところが銀行と比べて利息は倍くらい多いということで、銀行に変えたのだった。

この時、商社が提示した想定収支を記した書類を参考にして、秀子が銀行に提出するための五ヵ年分の事業計画書をつくっている。これも秀子の銀行員経験が生きたということになるのだろう。

「今だから話せますけど、もうほんとに蜘蛛の糸を渡るようなもんでしたよね」

と秀子は笑ったが、虎雄が実際に診療した場合をシミュレーションして事業計画書をつくってしまうこと自体、かんたんではないだろう。ここでも、できないことはないという前提の気概というか、強い精神を感じる。

そして秀子は、その事業計画書を持って、仕事で手が離せない虎雄に代わり銀行を回り始めた。

もちろん秀子にも大切な子育てがある。幼い子どもたちを家に置いておくわけにはいかない。六番目の子となる次男の毅が生まれたばかりだった。背中に毅を背負い、乳母車に四女のゆかりを乗せ、次女の美千代と三女の眞理には乳母車のハンドルの左右を押させて歩いた。年長の長男、哲と長女の徳美には留守番をさせた。

そのスタイルを思い出して、

「もう恥ずかしさも何もありゃしないですよ」

とまた秀子は笑う。

秀子がまだ三二、三歳という若さの時分である。今の若い方からすれば想像すらできない光景であろう。

八尾市にある商店街すべての銀行支店を回ったというが、そのほとんどが門前払いの状態だった。やがてある銀行が興味を示してくれて、話を聞いてくれることになった。結果、融資が下りることになり、その年の五月には支払いを済ませ、土地を手に入れてひと息ついたのだった。

ところが、である。虎雄と秀子に資産がないとわかったのか、融資した資金を返してほしいと銀行から言ってきたのだった。年内にもすべて返してほしいという。せめて年が明けて一月か二月くらいまで待ってもらえないかと頼み込み、話をつけたものの、また一から融資をしてくれる銀行を見つけなければならない苦況に陥ってしまった。

そこで松原市の沿線で一番銀行の多かった藤井寺周辺の銀行に絞り込み、昭和四七年一月四日に秀子と虎雄は銀行を回った。その間子どもたちは近くに住む同郷の先輩に面倒をみてもらっていた。だが、どの銀行もまた門前払いの扱いで取り付く島もない。

やがて銀行が閉まる三時が過ぎた。気がつけば藤井寺駅まで来ている。

「今日はもう帰ろうか」

落胆の色を濃くして虎雄は言った。だが秀子の目は、まだ訪れていない、藤井寺駅前にある第一勧業銀行藤井寺支店（現・みずほ銀行）を見ていた。その銀行は開業して間がない新しい銀行だった。

もしかしたらいけるかもしれないと思い、秀子は近くの公衆電話から銀行に電話をかけた。

「今日そちらにおうかがいして、病院を建てる資金のご相談をしようと思って参りました。主人は阪大の外科医をやっておりますが、手術がちょっと長引いて閉店時間を過ぎてしまったんですが、お会いしていただけませんでしょうか？」

秀子にしてみれば必死の思いの機転であった。すると電話口で相談をする間があってから、

「どうぞ裏口からお入りください」

と、返事が聞こえてきたのだった。

新規店ということもあり、大手の顧客を見つける必要もあったのだろう。さらに支店長が太っ腹で、副支店長にも詳しく話を聞いておくように命じた。

そこで秀子は懸命に説明、というより訴えた――一年目の収支はこうなる、二年目はこうなる、三年目は……何より主人は頑張り屋で努力家ですので絶対に大丈夫だと。

その結果――

「このご夫婦なら絶対に成功すると思う」

という評価を副支店長がしたことで、手付金どころか病院建設の費用も融資してもいいという話になったのだった。

だが問題はやはり秀子と虎雄に、担保となるべき資産がないということだった。支払い

が滞った時の保証がないことには、さすがに銀行としては困るというのである。銀行という生業である以上、それは当然の話であった。

そこで虎雄が一計を案じ、こう言い放った。

「ぼくの命を保証にします」

つまり、生命保険を掛けて担保にし、万が一払えなかったら自死でもして支払うというのだった。

これには銀行側も面食らったとは思うが、太っ腹の支店長は「面白い男だ」と受け入れ、融資してくれることになったのである。

もっとも、秀子の話では、虎雄はもともと生命保険を掛けるのは嫌なのだという。そんなことをしたら「ぼくを殺す気か」と言われかねないほどだと。だがこの時だけはそれを曲げて自ら口にしたのだから、虎雄の覚悟は本物であって、まさに命がけで病院をつくったといえよう。

後年、第一勧業銀行がみずほ銀行となってからの話だが、このエピソードを知る徳洲会病院関係者が、みずほ銀行のある支店長に、

「徳洲会を知っていますか？」

と聞いたところ、

「徳洲会はみずほ銀行の伝説のお客さんですよ」

と返ってきたというから、未だに語り継がれているのだろう。

それにしても、なぜ当時の支店長と副支店長はそこまでの判断をしたのか。これはあくまで推察にすぎないが、虎雄と秀子という人間の中に、病院づくりに賭けるビジネスではない情熱を肌で感じ取ったのではないか。銀行側とて職業上、人柄を重視するはずである。そして医療を行うにおいて一番大切である、虚飾のない誠実さ、つまりは仁の心を、二人の言葉のうちに見てとったのではないか。ひいては病院経営も確かなものとなるだろうと。

秀子は、このエピソードを語る際――

「神様っているると思うんです」

と言ったが、神様がいるとすればやはり、秀子と虎雄の諦めない心というものが、神様を導いたのだと感じる。

神様というものは、死力を尽くして一生懸命に光を求めて努力する者には、時に思いもよらない力を貸してくれるのではないのか。虎雄と秀子の生き様を知るにつれ、その思いを強くするのである。いずれにせよこうして虎雄と秀子は銀行から一億七七〇〇万円の融資を受け、第一の大きな目標を達成した。

そして昭和四八年（一九七三）一月五日。大阪府松原市に地上五階建、病床数六〇という、決して大きくはないが、徳田病院（現・松原徳洲会病院）を開設した。だが特筆すべきは年中無休二四時間オープンという、当時としてはあり得ない、画期的な病院だったのである。

こうして虎雄と秀子は、ベスト2となるべく、第一歩を踏み出したのだった。

第三章

真実一路

夫婦の修行

「夫婦って、最初からうまくいくもんだとばっかり私は信じていました。何の苦労もないと思って結婚しましたけど、あに図らんや。もう最初から大変でした。でも夫婦も慣れて、お互いの気持ちがだんだん成長するというか、二人の仲、間での成長があって、そしてやっと平らになるんだなっていうのをつくづく感じましたね。最初は私も追いついていけないし、本人（虎雄）も我が儘がどれくらい通るかって、自分でもわかってないでしょうしね」

笑いを交えて秀子はこう語った。

生活に追われていた新婚時代の苦労はまだ序の口だった。松原市に徳田病院を開設して以降、次々に医療過疎地に病院をつくるという、つまり「生命《いのち》だけは平等だ」という虎雄の哲学であり、理念をいざ実行しようとすると、とてつもない困難が待ち構えていたのである。

だが、そんな茨の道を二人で歩むにつれ、ともに高い精神性を築き上げてゆくという、相乗効果が生まれたのだった。

　ここで言うところの高い精神性とは、生命を平等にするために患者に尽くすという公の精神であり、平たく言えば究極的な利他心、思いやりである。二人は理想とする目標の達成に向かって努力するうちに、ともに鍛えられ、角がとれてゆき、真円とも呼ぶべき一つの夫婦の形を築いた。

　とはいえ、もとは赤の他人の夫婦である。他の夫婦同様に、妻たる秀子もこれまで様々な葛藤や軋轢を乗り越えてきた。しかも夫は徳田虎雄という、極めて個性的で異質な存在である。

　先に、秀子が知人から言われた話として、

「虎雄さんの奥さんは大変だよね。よくついて行ったよね」

と書いたが、何と言っても徳田虎雄の妻である。外から見れば、ほとんどの人が「ついて行く」というイメージを持つのは当然であろうかと思う。

だが、実際に秀子の話を聞いてみると、やはり徳田夫妻はベスト2という、互いに切磋《せっさ》琢磨《たくま》する存在なのであって、秀子が一方的に付き従うという印象がないのである。

　虎雄はこうと決めれば戦車の如く突き進むから嫌でも目立つ。内情を知らない人であれば、秀子はただただついて行くしかないと思われても仕方がない。ところがメンタルの面で言えば、虎雄より秀子の方が強いのではないかと感じることが多々ある。それは強気だとか負けず嫌いなどといった性格の強さではなく、人間としての芯の強さなのである。

後に詳述するが、実際、虎雄がストレスのあまり度が過ぎた横暴な態度をとった時など、たまりかねた秀子は名将と言われた海軍軍人、山本五十六の「男の修行」という格言を用いて諫《いさ》めている。

すなわち——

苦しいこともあるだろう
言いたいこともあるだろう
不満なこともあるだろう
腹の立つこともあるだろう
泣きたいこともあるだろう
これらをじっとこらえてゆくのが男の修行である

要するに「耐えに耐え抜いて本懐を遂げなさい」ということかと思うが、秀子から言われて虎雄は痛いところを突かれた思いであっただろう。なぜならこの言葉の意味を一番よく理解しているのは他ならぬ虎雄自身だからである。

忍耐における修行なら、秀子の方が一枚上手だ。

だからこそベスト2の夫婦として存在できたのである。

実際のところ、病院建設に関わる融資の書類作成はもとより、電話をかけての交渉など、ほとんど秀子がやっている。しかし秀子自身は人に褒められるようなことは嫌なので、あくまで陰の存在でありたいと思っていた。

「結果さえ出ればいいんだからっていう思いでやってきたんです」

と笑いつつ秀子は言ったが、ここに虎雄と秀子が力を合わせて生きることの意義が込められている。

本章では「生命だけは平等だ」という理念を旗印に、徳洲会病院を全国に広めようとするも猛烈な反対に遭い、やむなく政治への道に足を踏み入れた虎雄と秀子を描き、ベスト2の夫婦としていかに乗り越えたかを書いてみたい。

医療過疎地

「縁て不思議なもんですよ」

取材中、秀子は何度となくそう言った。

それを聞くたび、私自身も「そうだな」と実感し、私事で恐縮だが、身内に起きた交通事故を思い出していた。

二〇二〇年一月四日。この日の夜、京都では小雨が降り続いていた。同じ京都市内だが離れて住む私の娘は正月ということもあって、うちに来て私ら家族と鍋を囲んで食べた後、帰って行った。

夜中の十二時頃、仕事をしていると固定電話が突然鳴ったが、間違い電話だと思い出なかった。ところが間もなく私の携帯に、見知らぬ番号からの着信があった。出ると相手は病院だと名乗り、娘がトラックに轢かれて救急搬送されたという。

私はタクシーですぐさま病院へと行き、担当医から説明を受けた。娘は右折してきた四トントラックに巻き込まれ、骨盤骨折の重傷だと医者は告げた。出血がひどく、命を最優先に手術するが、その場合、子宮に影響が出て、妊娠、出産できない体になるかもしれないということであった。

娘にはすでに婚約者がいて、子どもができることを楽しみにしていたので、子が産めないというのは残酷にも感じたが、どうにか命だけは助かってほしいという思いで、手術の成功を祈るしかなかった。

五時間以上にも及ぶ手術の結果、娘は助かり、それどころか子宮も無事で、帝王切開なら出産も可能だという話であった。

後に知ったが、事故に遭った際、たまたま非番だった同病院の外科医の先生が車で通りかかり、娘の容態を見ながら、病院に連絡を取るなど、適切な処置をしていただいたという。

そしてその二年半後の二〇二二年九月に、娘は同病院で長女を出産したのだった。

この病院が宇治徳洲会病院だったのである。

交通事故があった時、まさか私が本書を書くなどとは夢にも思わなかった。

たらればは虎雄の嫌うところではあるが、もしあの場所に徳洲会病院がなければ、適切な処置がされなければ、娘の命はなく、孫も生まれてはいなかったかもしれない。そうなれば私も今こうして、この本を書くこともなかっただろう。

本当に人間の縁とは不思議に感じるが、一つだけ強く確信したのは、ここに優れた病院があってよかったという、単純だが深い安心感であった。

実は、この事故があるまでは、私自身もメディアの情報、根拠なき伝聞に踊らされ、徳洲会病院は「徳田虎雄というワンマン経営で儲けている病院」というイメージしかなかったのである。


前章において、虎雄が大阪府松原市に病院を開設する経緯を書いた。病院が不足しているところにつくれば市民や患者のためになるという、小学生が考えてもわかるような理由で虎雄はつくったわけだが、これも当然ながら、いざ開設してみると、患者が殺到する状況となった。

以前銀行勤めをしていた秀子にして、あれほど多くの一万円札を見たことは生まれて初めてと言い、札を数えるのに腱鞘炎《けんしょうえん》になったほどであるから、患者が殺到したその状況がうかがえる。これを逆に考えれば、地域の人たちが年中無休二四時間オープンの病院ができるのをいかに待ち望んでいたかということになる。

こうした庶民の気持ちというものを、虎雄は公立病院勤務の時代から肌で感じていた。

「ぼくは弟が医療を受けられずに死んだことで、誰でも最善の医療を受けられる社会にしたいと思った。ところが大阪の病院で働いてみると、大都会の大阪でも徳之島と同じで、夜は診ない、日曜祝日は診ない、正月も診ない、そして社会的地位や経済力などによって患者さんへの対応が変わったりする。日本中の医療が間違っている。年中無休二四時間オープン、患者から贈り物をもらわない、正しい医療を日本中でやらないといけないという思いが強くなった。それでまず、大阪に病院をつくった」

これを読んでもわかるが、当時は患者から医者が金品をもらうことが常態化していた。数万円から時には一〇〇万円単位のお金が医者に渡された。それによって患者が差別化され、治療の優先順位や時には質にも影響を及ぼした。医者だけではない。看護師もお菓子などの礼を受け取った。

虎雄にしてみれば、金品によって患者の対応が変わるようでは、「生命だけは平等だ」にはならないのである。虎雄は常々「みかん一つもらってもクビだ」と言っており、その姿勢は徹底していた。また、たとえ無保険でお金がない状態であっても、差別することなく同じように治療をした。

病院開設当時、治療費を支払えない人には猶予したりもしていた。ずっと後年に選挙運動をしている際、「子どもが怪我をしたその節は、大変お世話になりました」と、ある有権者から礼を言われたこともあった。

こうして昭和五〇年（一九七五）一月には法人化し、『医療法人徳洲会』を設立した。徳田病院の評判は瞬く間に広まった。やがて大東市の市会議員が虎雄らのもとを訪れ、野崎にも同じように病院をつくってほしいと虎雄に頼んできた。そこで虎雄は二番目の病院として同年一〇月に野崎病院（現・野崎徳洲会病院／大阪府大東市）を開設したのである。

野崎病院を建設する際は農協から融資を受けた。これは松原の土地を売ってくれた人物が農協の理事をやっており、それが縁でその人が保証人となって借りられたのだった。藤井寺駅前の第一勧業銀行の支店長や副支店長もそうだが、秀子によればそういう助け、人との出会いが以後も「次から次へとつながった」と言うが、患者のために病院をつくりたいといった虎雄と秀子の真面目さ、切実な思いが相手を動かすのだろう。これが単なる我欲によるものであれば助けはなかったはずだ。

秀子は人との出会いについて、実感を込めてこう語る。

「人間には運命がありますよね。どういう人と出会うかっていう。でも出会ってもそのチャンスを生かす能力があって、努力をしなければダメですね」

そう、虎雄と秀子の成功の大きな要因の一つは、人との出会いを生かす能力と努力が二人に備わっていたことである。

徳洲会はその後、医療過疎の問題を抱える各地から病院開設の要請を受け、昭和五二年（一九七七）に大阪府岸和田市、昭和五三年に八尾市、昭和五四年には沖縄県島尻郡八重瀬町、福岡県春日市、京都府宇治市、昭和五五年に神奈川県茅ヶ崎市といったように、怒濤の如く徳洲会病院を開設し続けたのである。

岸和田に病院をつくる頃には、銀行へ保証をする生命保険の額は二八億円にものぼったが、そのプレッシャーとストレスによって虎雄は一時期ノイローゼ状態になったほどだ。

私生活では徳田家は昭和五二年に家族九人で大阪市阿倍野区に転居している。秀子は当初から変わらず、家事に育児、病院の会計などの仕事を兼ねながら虎雄の夢を懸命に支えていた。

こうして秀子は以後、ようやく貧困から逃れ、安定した生活を送るようになった、と書きたいところだが、虎雄が夫である以上、安定など無縁の言葉であった。

反対運動

出る杭は打たれるというが、日本という国はどうも出る杭を打ちたがる国民性があるようである。古来群れをなして農耕によって糧を得たという側面もあるのかもしれないが、いかなる時代にあっても掟に背く異端児を疎外しようとする勢力が存在する。

異端児たる虎雄も、救急医療の充実を第一に目指して病院を開設し続けたのが、地元医師会によって猛反対されたのだった。とりわけ、福岡県春日市、京都府宇治市、神奈川県茅ヶ崎市の各医師会がその代表格であった。

医師会の反対理由はいろいろあったが、大きくは二つの点について指摘をしていた。一つには営利目的であるということ。二つ目は地域医療の体系に混乱をきたし、破壊するというものだった。

だが、そもそも虎雄が総合病院の開設を思い立ったのは、自らの体験も含め、日本の救急医療が蔑《ないがし》ろにされ、助かる命も助からないという現実を現場で知ったからである。また、休日も夜間も診察をしないという怠慢な医療を何とかしたいという切実な思いからであった。実際、救急医療をやると赤字になるから打ち切ったという病院もあったという。もし営利目的であるなら、救急医療など主体とせず、莫大な借金をしてまで多くの病院を開設するといった、リスクだらけのことをするはずはないのである。

また、二つ目についてだが、これは早い話が開業医が患者を奪われて収入が減るという医者側の事情にすぎず、反対の理由としては根拠に乏しい。明日食べるものにも困るといった状況ならいざ知らず、長者番付にも載ろうかという開業医が言うのは全く説得力を持たない。

この他にも年中無休二四時間オープンをうたう（患者サイドに直接的にはうたってはいない）のは医師法に違反しているだの、構成する医師たちが若すぎる（コンピューターに適応し、体力も気力も充実している年齢層を選んだ）だのといった、いわゆる難癖であった。

これらの反対理由は総じて医者側の利権が奪われるという、極めて利己的な理由であり、患者側に立つものではなかった。したがって徳洲会と医師会の根本理念が違うのであり、ボタンの掛け違え状態となって、もとより議論が噛み合うわけがないのである。

しかも虎雄が何度話し合いの場を持とうと呼びかけても、医師会はほとんど応じなかった。医師会だけではない。本来は市民のためであり、仲介すべき立場にある行政も要請に応じず、我関せずの姿勢を貫いた。

市長の中には協力的な人もいたが、選挙で医師会の恩恵を被っている政党の所属する市長、議員などは沈黙するか、反対にまわった。ちなみに医師会もまた、政治家、行政によって様々な要望を通してもらえるから、いわば持ちつ持たれつの利害関係にある。

当時の日本の医療は欧米に比べて三〇年遅れていると言われていたが、それは表向きは行政の責任であるが、その行政に圧力をかける医師会の存在が諸悪の根源だと虎雄は断じている。

利権主義という、歪《いびつ》な日本の政治構造によって一番の犠牲になるのは、いつも無辜《むこ》の市民である。

例えば当時の大病院の現状は、遠いところから朝早く起きて足を運んだものの、患者の数が多いため、朝の八時から十二時まで待たされるといった事態が、全国のあちらこちらで起きていた。

また、救急搬送は言うまでもなく、開業医などは夜間診療や休日診療に応じることもなく、子どもを抱える親は心労が絶えなかったのである。しかも、前述した通り大病院などでは多額の謝礼や高額な贈り物を受け取ることで、患者の命に優先順位がつけられ、扱いに差別化が図られた。また、医者だけがいい目をみているということで、看護師や事務方らとの関係性もよくはならなかった。

虎雄は、診療を受けられないで無残に死んでいった弟のような患者を二度と出すまいと誓い、「生命だけは平等だ」という理念を掲げた。彼がこの悪環境に業を煮やして立ち上がるのは当然のことであった。ましてやそれに反対するのは、医師としては本末転倒というものだった。

医師会は抗議をするだけでなく、嫌がらせの妨害行動にまで出る。病院建設に充てる土地を徳洲会が買えないように先に手をうって買い付けたり、銀行に対して徳洲会にお金を貸さないようにと要望までしていた。さらに、校医や健診をボイコットするまでになったのである。

この騒動に拍車をかけたのがメディアであった。虎雄を医療の革命児、風雲児として扱い、耳目を集めるために善悪の構図を創作して騒動を煽《あお》ったのである。

当時のテレビニュース特番などでは、徳洲会と医師会の対立構造を、チェーン展開する大手スーパー建設にたとえ、〝大手スーパーVS地元商店街〟といったキャッチコピーで惹きつけようとしている。これは命と物を同レベルに考えていることであり、問題の本質、危機的状況を全く理解していないといえる。

数字が取れればいい、面白ければいいということなのかもしれないが、虎雄の切実さとの温度差と考えてみれば、無責任な日和見主義であり、ジャーナリズムの体をなしていないとさえ言えた。

ただ、一部の識者については――例えば虎雄と評論家の竹村健一氏との対談映像が残っているが――この対立を冷静に判断し、虎雄の言うことはもっともだと論じている。竹村氏自らが大病院に入院した際、担当医に贈り物をしたが送り返され、その医師は立派だったと言う場面があるが、このように、自らの思考で行動し、利権や利害にとらわれない公平性のある人はきちんと善悪を判断できるものなのである。

当時を振り返り、虎雄とともに裏方として病院開設に尽くした秀子は――

「医師会の反対がすごくて、その戦いが一番ですよ。それでもう悪口ばかり言われてね。医療の質が低いとか、あることないこと宇治でも言われたし、茅ヶ崎闘争といってね。茅ヶ崎でもすごかったです。でも、(虎雄は)自分がしていることは正しいんだという自信があるでしょ。だから、もう、軍艦や戦車のように突っ込んでいくわけですよ」

と言って笑っている。

徳洲会の医療の質についてだが、いろんな意味で高かった。医師会の一部の人は、借金を返すために薬漬け、検査漬けにするかもしれないなどと言っていた。だが実際はその逆で、徳洲会では患者の負担を減らす代わりに、アメリカで修業した腕のいい医師を数多く採用し、医療の質を上げた。質を上げることで検査や薬を減らし、手術時間、入院期間を短縮し、患者の経済負担を減らしたのだった。

これは何の根拠もなくそんなことをしたわけではなく、当時高度なアメリカ的医療を施していた沖縄県立中部病院という、優良な病院をモデルにしていたからであった。

魂の入った病院

虎雄は地域医療の体系を変えて壊そうなどとは少しも考えていなかった。むしろ地域の中核病院として、充実した医療を患者に提供するとともに、町の医院とも連携を図って役割分担し、共存しようとしていた。つまり、ウインウインの関係を築こうとしていたのである。

私は当初、徳洲会病院と町の小さな医院とを棲み分けるのかと思っていたが、そうではなかった。棲み分けをするためかと秀子に訊くと、言下に否定された。

「医療機械や技術とか日進月歩しているわけですけど、それに個人病院は追いついていけないじゃないですか。お金を何億も出して買えないですよね。それで小さな病院で重病になって死んだら、あそこは人を殺す病院だとか言われるんですよ。だけど大きな病院で死んだら、技術や設備がみんな揃っているところで死んだから、宿命だと多くの家族は思いますよね。『小さな地域に根ざす病院も必要だ。小さな病院は熱が出た子どもの治療をしてほしい。そこでできない手に余るものをぼくの病院に来てもらったらいいんだよ。そういうやり方をすれば、本当の地域医療になるんじゃないか』と、主人は言っていました。連携病院というふうに書いて、病院でも表に出してあるんです」

虎雄は物事を繊細に、緻密に考えている。決して人心を無視して強引に物事を運ぶような真似はしない。

当時のテレビドキュメンタリーでは、勝負の行方はいかに?といったように締めくくっていたが、今日の徳洲会病院の広がりを見れば、利他心と利己心の戦いは勝負にすらならなかったといえよう。

何より、総合病院の建設を待ち望んでいる地域住民がその答えを持っていた。

もちろんそれは虎雄と秀子の力だけでできることではない。これは虎雄の志に共感した医療スタッフや運営スタッフの地道な努力によって実現したのである。

反対していた地元医師会のある医師が、ドキュメンタリー内で虎雄に対し皮肉まじりにこう言っていた。

「いずれは徳之島に行って御殿でも建てるんでしょう」

医師会の大きな誤算は、虎雄の人となりに関して無知すぎたということだ。そして医は仁術だという原理原則を忘却し、常に経済に置き換えてしまったことにある。虎雄には無縁の、高額の報酬を得て、休日にはゴルフをするといった生活を多くの医師がしていたからこそ、先の言葉になるのだろう。

後年、湘南鎌倉病院（現・湘南鎌倉総合病院／神奈川県鎌倉市）を開設しようとした時のことである。

病院建設の申請をしたところ、地元医師会が主導する神奈川県医療審議会は却下した。ここでも地域住民らが開設を切望していたにもかかわらずである。そこで協議するのだが、役人の一人が、

「徳洲会は病院のない、不足しているところにつくるのが目的じゃないんですか？　実際、すでに他の病院が建っているじゃないですか」

と言い、住民が望んでいるにもかかわらず、建てなくても問題がないという判断を口にした。

これに同席していた秀子が反論をした。ふだんは裏方に徹し、表に向かって発言をすることの少ない秀子が反論をしたのだから、相手はよほど腹に据えかねた口調で言ったのだろう。

「お言葉ですけれども、その病院の建物は簡単につくれても、そこに魂を入れるっていうことが、本当に患者さんのためになるんじゃないですか？　主人（虎雄）はそういう思いでつくっていると思います。夜の診察はしない。日曜もしない。土曜日は昼から休みっていう病院だと困るんです。子どもは土曜日の昼から熱が出たりするんですよ。自分の子でもそうでしたから。だからこそ年中無休二四時間体制で診療をするという、徳田はそういう思いで病院をつくってるんです」

毅然として秀子が言うと、相手は一言もなかったという。

これがまさしく〝仏をつくって魂を入れず〟といったことで、いくら立派な病院を建てても、患者のための病院でなければ意味はないと、秀子は当たり前の道理を説いたのだった。なぜ徳洲会が年中無休二四時間オープンなのか、その意味を行政は考えず、常に医師会との利害ばかりにとらわれて、一番大切な患者の存在を忘れ去っているところに最大の問題点があったわけである。よって秀子の正論に役人は黙るしかなかった。

また、これもずっと後年のことだが、次男の毅の妻が著名な政治家の夫人に湘南鎌倉総合病院を紹介した。実際は夫人の知人が治療をしてもらったのだが、よくなったということで夫人が秀子のもとに礼に訪れた。

するとと夫人は、

「こんなにいい病院なのに、今までどうして誰も気がつかないのかしら。奥さん（秀子）が悪いのよ。奥さんがもっと広めればいいのに」

と言い放ったのだった。

これには秀子もカチンときた。それはそうだろう。この夫人が秀子と虎雄の、徳洲会の苦難の道のりを少しでも知っていれば、軽々にこのような言葉は出なかったはずだ。そこでここでも秀子の「お言葉ですけど」が出ざるを得なかったのである。

「お言葉ですけど、徳洲会病院は年中無休二四時間オープンでやって、これだけ多くの病院ができたのは、地域の皆さんがご存知だからこそだと思いますよ。奥様たちは位の高い方々だから、徳洲会なんてバカにして来られないからご存知なかったんでしょ？」

秀子の言うことはもっともで、痛快ですらある。

地域住民が認知し、その素晴らしさを広めなければ、何十何百もの病院が全国にできるはずもない。気づいていないのは庶民の気持ちに疎い権力者の方である。

庶民の気持ちに疎いのは医師会の医師も同じだった。皮肉なことに地元医師会は徳洲会病院開設に反対しつつ、一方では開業医が慌てて休日診療や夜間診療を始めたのである。自己矛盾を起こさざるを得ない状況には苦笑するしかないが、それほどの危機感を覚えたという証であり、徳洲会病院の影響が大きかったのだった。

こうして考えてゆくと、虎雄と秀子の戦いは、既得権を持つ権力への抗いであり、患者という弱者の命を守る正義であったわけである。

虎雄は言う――

「世の中は不正だらけですが、徳洲会の医療は、『体や心の弱った人を助ける』という聖職なのです」

虎雄や秀子は、その聖職ゆえに自らの生活を犠牲にして捧げたともいえよう。

秀子は、病院づくりにかけた日々を、あらためてこう振り返った。

「私は主人が純粋にね、本当の医療というものを考えているということに対して、何も恥じることはないと思いました。だから、彼は立派だったなと思いますよ」

福岡徳洲会病院（福岡県春日市）をつくる際、反対運動の急先鋒だった人が、病院ができた後には週一回の虎雄の朝礼（講話）を聴きに来たという。これも先の秀子の言葉を裏付けるエピソードだろう。

不条理な妨害に遭いながらも、ひたすら、一途に自らの夢を追い求める虎雄の姿を、秀子はこう歌に詠んでいる。

人の世の
羅刹に翻弄されるとも
真実一路を
君に願わん

魂をかけた戦い

昭和五〇年代、徳洲会病院は次々に各地に開設され、順調かに見えたが、依然として地元医師会をはじめとする抵抗は激しかった。医師会に加えて厚生省（現・厚生労働省）や政治家までが医療計画制度（各地域の適正病床数を算出し、医療の質を評価するなどする厚生労働省の制度）などをもとに、病院開設の認可をしない、圧力をかけるという状況は相変わらずだった。

それより少し後の昭和六〇年（一九八五）に医療法が改正されて、地域内のベッド数を制限する医療計画がつくられた。また、自己資本率二〇％以上を満たさない医療法人は、厳しい監査の対象にされた。これを虎雄は「徳洲会つぶしだ」と言っているが、生命保険を担保にしているのだから、彼がそう考えてもおかしくはない。

とにかく、既得権を奪われないために医師会も政治家も役人も必死になり、一丸となって様々な手を使って〝徳洲会つぶし〟に打って出たのである。

奄美においても医師会に勝たなければ、医師会と共存する政治家や行政に勝たなければば、病院をつくることはできないのは明らかだった。実際に鹿児島県において計画が頓挫したりもした。

虎雄が政治家になろうと決めるのは、時間の問題であったのかもしれない。内心では政治家などにはなりたくはなかったが、正しいことが通らない状況は虎雄の最も嫌うところであり、許し難いものだったのである。

選挙に出るきっかけについて、虎雄はこう語っている――

「当時ぼくは、真実は何かということをずっと悩み続け、『生か死か』『真実を求める』という言葉を手帳に書いていた。真実がわからなかったからだ。悩みぬいたすえ、四〇代の時、弱きを助け悪しきをくじくことが人間としての真実だということに、単純に決めてしまった。

奄美から選挙に出たのも、そのためだ。奄美は、琉球支配、薩摩支配、アメリカ支配、そして田中（角栄）軍団による金権政治、土建政治に支配されてきた。日本中で一番閉じ込められていて、政治家が権力を握り、あの店で買い物をするなと言うとその店は半年もたたないうちにつぶれる。それを見て見ぬふりして、当選しやすい大阪から出るわけにはいかないと思った。それに奄美で医師会と戦って勝たないと奄美に病院ができない。しかし徳之島の人口は二万八千、奄美大島は八万で、奄美群島選挙区で奄美大島以外から選挙に出た人はいない。それは人間として魂をかけた戦いだった」

虎雄の言っている通り、奄美は長年に渡り支配され続け、言葉は悪いが飼い慣らされ、人権を蹂躙《じゅうりん》され続けてきた。政治の面においても、仕事をあてがわれることの見返りに票を得るといった状況が常態化していた。

つまり、無風状態にあり、ほとんど何もしないことが政治家の仕事になっていた。虎雄は病院づくりのこともあるが、根本的な問題を打破したいと考え、衆議院議員になるべく立候補したのだった。

当時の奄美は全国でただ一つの一人区だった。虎雄も言っているが、もし政治家になることを目的としたならば、大阪の四人区五人区といった選挙区で立てば、それほど苦労せずとも当選したであろう。だが当時の虎雄は、故郷の奄美に、徳之島に総合病院をつくるというのが悲願であった。

秀子にしてみれば医療人としてまっとうしてほしいという気持ちもあったかとは思うが、虎雄が一度言い出したことは絶対だった。それに徳之島に病院をという切実な願いは、虎雄と同じだった。先はどうなるかわからないが、肚《はら》をくって虎雄を支えると秀子は決めたのである。

だが、現実問題として、対立候補者（保岡興治氏）は組織も資金も家柄も万全であり、選挙戦として考えれば無謀な戦いであった。

「選挙も、もう私たちは一からでしょ。保岡先生なんかはおじいさんの時代から政治家の家系ですから。奥様も沖永良部《おきのえらぶ》の町長のお嬢さんだし。私ら二人は貧しい百姓の出だからねって言ってました」

と言って秀子は笑ったが、選挙戦は〝保徳戦争〟と呼ばれるほど熾烈《しれつ》を極めた。しかしながら、本書ではその戦争の詳細について綴るつもりはない。選挙戦についてはメディアでも数多く取り上げられ、一定の総括もされているだろう。死人が出た、札束が飛び交ったなどと面白おかしく報じられているが、一騎討ちである以上、互いに全身全霊で戦ったということにすぎない。

私はかつて政治家や立候補した方の本を書いたことがある。その際、様々な人から選挙戦の実態について聞いたが、人間関係が入り乱れ、それぞれの思惑の中で動く選挙戦というものは、何が本当で嘘かわからなくなる。裏の裏という、どこまで裏があるのかという側面もある。不確かなことを軽々に書けないというのが正直なところである。

それを証明するかのように、秀子は選挙戦について、やりきれないように、こう漏らしたことがある。

「ほんっとに、私はあの時現実を見ました」

それは、表向きには「徳田先生、徳田先生」と言ってすり寄っていながら、いざ投票となると対立候補の術中にはまって「掌返し」をする多くの人がいたという話の中で出た言葉だった。ある団体の組織票を得られる見込みでいたところが、投票日前日の土曜日になってどんでん返しを食うこともあった。本当に自分自身の考えを持って投票行動をする有権者は思いのほか少ないものなのである。

ともあれ、選挙戦の実態ではなく、秀子が虎雄をいかにして支え、選挙戦を乗り切ったのかを軸にして次に書いてみたいと思う。

真心が人の心を変える

〝保徳戦争〟と呼ばれた激しい選挙戦は、一〇年にもわたって繰り広げられたが、虎雄は次のように戦いぶりと結果を簡潔に語っている。

「もしぼくが単に国会議員になりたかったのであれば、大阪から出馬している。大阪は四人区五人区だから、とっくに代議士になっていただろう。でもぼくは奄美に病院をつくるのが目的だったから、全国で唯一の一人区だった奄美群島区から出た。そして落選した。その三年後の十年前の選挙も奄美群島区から出て、また落ちた。まあ負けるに決まっている。対立候補のお父さんは東大出の官僚で副知事から代議士になった人。ぼくのおやじは小学校も五年生までしか出ていない貧しい百姓。米軍統治時代に砂糖の密輸をして捕まって、刑務所に入ったこともある。向こうの奥さんは前町長の娘で、うちの奥さんはぼくと同じ村の百姓の娘。向こうは田中軍団で、医師会、土建業、農協、漁協、商工会、国会議員、県知事、県議会議長ほか、全部あちらに付いている。こちらは県議会議員すら一人も付いていない。バックは何もなし。地縁、血縁、金、すべてに負けていた。こちらにあるのはマイク一つ、ただただ人を思う情熱あるのみ。すべてにおいて負けていても、奄美に病院をつくるために、命もいらない名誉もいらない地位も金もいらない、使命感だけは勝っているという思いで一生懸命やって、一九九〇年の三回目の選挙で、奄美群島区からやっと初当選した」

この言葉の通り、一回目は昭和五八年（一九八三）、衆議院総選挙に奄美群島区から初出馬して落選した。わずか一一〇五票差だった。これはいけるかもしれないということで、昭和六一年（一九八六）に二回目の立候補をするが、今度は三五四一票差で再び落選した。そして書かれているように平成二年（一九九〇）に三度目の挑戦でようやく当選を果たしたのだった。

日本の選挙というのは不思議なもので、ひたすら有権者に頭を下げるのである。場合によっては土下座すらやる。票が欲しいからへりくだるのだが、そうでないと「頭《ず》が高い」「えらそうだ」「生意気だ」という印象で票が入らない。これほど知性と合理性を欠く感情論的選挙は世界でも珍しいのではなかろうか。

しかしながら、それが日本の選挙の現実であり、嫌だとか言ってもはじまらない。とにかく頭を下げて「〇〇をどうかよろしくお願いします」と言って選挙区を回るしかないのである。

もうおわかりかもしれないが、それまでの虎雄の生き方からすれば、一八〇度ちがう行動をしなくてはならなかった。自らが発案して目標を立て、自らの力で切り拓いて目標を達成してきた虎雄にとって、選挙戦とは屈辱の連続だったのではなかろうか。

一方の秀子は冷静だった。一回目の選挙戦ではトータルで一一〇五票差だったが、名瀬市に限ると百単位の僅差であった点に着目した。

「名瀬では大差で負けると思っていたのが五分五分だったから、ああ捨てたもんじゃないと思って。これはもっと多くの人に頭を下げないとダメだと思いました。それからはもう相手派であろうと、誰だろうと構わず回って挨拶しました。表向きはともかく、心ではどう思っているかわからないわけですからね」

というわけで、秀子はより一層、戸別訪問に力を入れて歩き回った。

僅差だったので諦めきれないということもあったが、奄美は閉鎖的な地域性があり、典型的な村社会である。虎雄を支持しているというだけで会社で左遷をさせられた人もあった。そんな人たちのことを考えると辞めるわけにもいかなかった。

市営アパートなどでは、一階から五階までの階段を何度も上がって下りてを繰り返して訪問した。足が棒になるどころではなかった。

ある朝起きると、腰から下が動かなくなって、まともに歩けない状態になったこともある。その時は近くの薬局に行き、即効性のある漢方薬を処方してもらって急場をしのいだ。

高校時代は学期末試験が終わると貧血で倒れるほどであったから、もとより体は丈夫な方ではなかった。それでも当選という目標を達成するために、疲労した体に鞭打《むち》つように戸別訪問に明け暮れた。

戸別訪問と言えば聞こえはいいが、要するに飛び込み営業である。精神的には相当なプレッシャーがかかり、ストレスも半端ではない。対立候補派の支持者からは敵意むき出しに怒られることもあった。

「うちには病人はいないから関係ないですよ」

と冷たく追い払われたこともある。

「悲しくてもつらくてもニコニコする。笑う門には福来たるっていう言葉があるって、私はいつもそう思ってました。そして一〇軒回ったら、せめて一票でもなるだろうって。回らなきゃゼロだと。だから回らなきゃいけない。どれだけつらくても、しんどくてもそれを自分にずーっと言い聞かせながら戸別訪問したんです」

対立候補者のマークを玄関先に勝手に貼って、入れないようにする運動員もいた。

だが秀子はそうした妨害行為にも負けずに、構わず戸別訪問をした。そうすると中にはマークがついていても家に上げてくれ、それどころかお茶や蒸した芋を出してくれる〝隠れ徳田派〟の人もいたという。

対立候補を支持する場所にも、厭《いと》わず秀子は出向いた。対立候補派だという魚屋さんに行って挨拶をした時だった。挨拶を終えてその場を離れた時、微かに背中で話し声が聞こえた。

「徳田先生の奥さんが、保岡先生の奥さんだったら選挙しないでしょうね」

時に庶民の目というものは物事を鋭く見抜く感覚を持っている。虎雄も手帳に「大衆の中に真実がある」と書いているが、やがて秀子は戸別訪問などの選挙運動を通して、一つの確信に至ることになる。

それはすなわち――

「人の心を変えるのは、やっぱり自分の真心だ」

ということだった。

これは「生命だけは平等だ」という理念、虎雄の絶対真理に近いと言える。物事に対峙する上で雑念、邪心がなく、純粋であるがゆえの秀子らしい真理であろうかと思う。

こうして水滴が岩に穴を穿《うが》つが如く、少しずつ徳田虎雄という存在が浸透してゆくわけだが、この忍耐に辛抱しきれなくなったのが、当の虎雄本人だった。

男の修行

一度ならず二度までも落選した虎雄はストレスを溜め込み、特に年末などになると酒の席でたびたび荒れたという。話し相手の意見と合わないと怒鳴り散らし、その度に周囲は白けたムードになった。ふだんはニコニコとして穏やかに話していたが、支持者とはいえ意見が合わない者と話を合わせるのが苦痛になり、それが頂点に達すると爆発したのだった。

あまりの醜態に見かねた秀子はいたたまれず、紙に書いたある偉人の名言を見せて諫言《かんげん》した。

それが本章の冒頭で書いた山本五十六の〝男の修行〟であった。

苦しいこともあるだろう
言いたいこともあるだろう
不満なこともあるだろう

腹の立つこともあるだろう
泣きたいこともあるだろう
これらをじっとこらえてゆくのが男の修行である

秀子は虎雄にこう言った。

「あなたが負けたら私たち家族だけなら我慢できるけど、こんなに多くの人を巻き込んで、最終的に勝てなかったら誰に申し訳ないと思いますか？　それはやっぱり私たちじゃなくて、奄美の人たちに申し訳ないですよ。有名な山本五十六でも、こんなに苦しみながら兵隊さんを統率していったんだから、あなただってそれくらいの覚悟をしないと通りませんよ」

これを聞いてあの負けず嫌いの虎雄が、

「わかったよ！　俺にそうしろっていうことやろ！」

と、強がりながらも認めたのだった。

さぞ痛いところを突かれたのだろう。

「男の人って子どもっぽいとこありますよね」

と言って秀子は笑ったが、タフな虎雄をしてこうなるのだから、つくづく男性は女性よりもずっと弱い生きものだと感じる。もっとも、女性が強いだけなのかもしれないが……。

まだ反論できる状態ならいいが、選挙戦を通して、虎雄は極限状態にまで精神を追い詰められたことがある。

選挙は落ちればただの人と言われるが、それどころか国政ともなれば莫大な資金を要する。精神的にも経済的にも疲弊するのである。ましてや虎雄の肩には家族どころか開設した多くの病院とそのスタッフ、患者たちの命運がかかっている。病院経営と選挙のために、奄美と東京などを行ったり来たりしていたのだが、そのストレスから、虎雄の心が壊れかかったことがあった。

敷布団がぐっしょりと濡れるほどの寝汗をかき、よく眠れなかった。普通にじっとしている時も俯《うつむ》いて、紙を細かくちぎったりしている。明らかにいつもの虎雄とは違って様子が変であった。

やがて現実逃避だろうか、

「捕鯨船に乗る」

などと秀子に言い出した。そして、

「ヒデ、もう選挙やめようか」

と言うのである。

だが秀子は反対した。

「選挙は私があなたの留守を守ればいいんだから。一回二回負けたって、世間の人は負けたっていうくらいにしか思いませんよ。だけど、あなたが東京を留守にして病院を失うくらいにまでなったら選挙どころじゃなくなるから、あなたは本来の仕事をすればいいよ。奄美は私が回るから。だから早く東京に帰りなさい。捕鯨船に乗るだなんてそんな後ろ向きなこと言わないでね。そんなことしたら負け犬だし、男の恥だよ。私が奄美で頑張るから」

この言葉に励まされて、虎雄は選挙運動を秀子にまかせ、東京に帰って病院経営に専念した。そして秀子は正月も返上して虎雄のために選挙運動をこなしたのだった。

秀子は台風の日も傘を飛ばされ、ゴミ袋を体に巻いて挨拶回りをした。そのことを誰かから伝えられたのだろう。虎雄から電話がかかってきた。

「ヒデ、台風の日もお前回ってるらしいな」

その声は思いのほか元気で、秀子は安堵《あんど》した。

「元気になりました？」

「うん、大丈夫だよ」

「じゃあそちらはそちらで頑張ってね」

そんな会話をしたというが、秀子は当時を振り返り、自分に言い聞かせるように、

「負けたって笑う人はいないよって。選挙はって。負けたり勝ったりが普通なんだからって言って、その時は何とか乗り越えましたけどね。あんなに心が太い人だと思っても、そういうことがあるんだなあと思いました」

と言って笑ったが、虎雄が壊れそうになるほどだから、当時の秀子にはここで虎雄を支えて何とかしなければ、すべてがダメになってしまうというかなりの危機感と緊張感があったに違いない。


選挙戦の過酷さを物語るエピソードがもう一つある。

三度目の挑戦で当選した後の、四度目の選挙の際、法改正によって奄美群島区が鹿児島県本土に合併され、全県が三区に分けられることになった。ところが当初は奄美大島が薩

摩半島選挙区に入るのか、大隅半島選挙区に入るのかがわからない状態であった。早くから選挙準備をする虎雄は、どちらになってもいいように、両方の選挙区を回って全力で頑張ったのだった。

　虎雄という男は二つの選択肢があったとしても、どちらかを選ぶという発想はない。できる可能性があるのなら、両方とも選んでやり抜こうとする。秀子の言葉を借りれば、「無茶苦茶努力することを厭わない」のだ。この時もそういう状態で、フル回転で選挙運動をやった結果、極度の疲労状態に陥ってしまった。

　大隅から車で戻りながら、平坦なまっすぐの道を走っているにもかかわらず、虎雄が運転手に、

「これ、海の底に向かって走っているようだけど」

という奇妙なことを言い出したのである。

　坂道を走っていないかと何度も確認したというが、平衡感覚を失ってしまうくらい疲れ果てていたのだった。寒い時期で、秀子自身も集会場で話す際、呂律《ろれつ》が回らなかったというから、互いに相当な運動量だったのだろう。

　その時に食べた温かい団子汁の美味しさを、秀子は生涯忘れないだろうと言ったが、何

でもない食事がそれほどのインパクトを与えたことを思えば、極限の疲労状態だったのである。

選挙区の両方を選んで運動したことで、思わぬ副産物を産んだこともあった。その当時、鹿児島県鹿屋市に大隈鹿屋徳洲会病院（現・大隈鹿屋病院）をすでに開設していたが、二〇〇〇万円の赤字だった。ところが医療講演という形で人を集め、選挙運動を繰り広げた結果、逆に四〇〇〇万円の黒字になったのである。これは虎雄の講演を聴いた人が共感し、治療を請うて詰めかけたのだが、いかに虎雄の講演が魅力的であったかを示すエピソードである。

いずれにせよ、一時は当選すら危ぶまれた状態であったが、秀子や数多くのスタッフの支えによって平成二年（一九九〇）に初当選して以後、平成一七年（二〇〇五）に政界を引退するまで、四期一五年にわたって衆議院議員を勤め上げたのだった。

喜びも悲しみも

ここに述べた秀子が体験した選挙における労苦はごく一部であり、当事者でなければ実感としてわからないこともある。だが、複雑に人間関係と利害が絡み合い、生き馬の目を抜く如くの選挙、政界は、想像以上に過酷だったはずだ。

選挙の話を聞いている中で、秀子が感極まって涙ぐむ瞬間があった。

虎雄が懇意にしていた石原慎太郎氏の話題になった。様々な物議を醸す言動をしながらも、高い人気を保っていた石原氏と、秀子曰く、「かわいそうなくらい」何をやってもあまり人気のなかった虎雄を比較して語った時のことだった。

虎雄ととても近しい関係にある人が、二回目の落選を受けて秀子にこう言った。

「(虎雄は)半分の人にしか好かれないから、どんなに頑張ったって議員になることはないよ。(秀子が)いくら頑張ったってどうせ通らない。無理だし、無駄だからあんまり頑張らなくてもいいよ」

これだけ頑張っているのに、あまりにひどい言いようだと、悔しさのあまり秀子は涙を流し、静かに言い返した。

「二回落ちたけど、それでも頑張るという主人が一回は通りたいっていう、切実な思いだと思うのよ。だから一回だけは通してあげたいのよ私も……」

そのエピソードを語りながら、秀子は涙ぐんだのだった。

二人のやりとりの中で〝頑張る〟という言葉が何度も出てくる。努力と頑張りは虎雄や秀子のトレードマークにも感じるが、並の努力、頑張りではないため、常人ではその感覚を理解することは困難である。「一回だけは通してあげたい」という秀子の言葉のうちには、秀子しか見てこなかった、虎雄の人並外れた努力や頑張りがあるからである。

それだけに、報われない虎雄を何とかしてあげたいという秀子の気持ちを察するには余りがある。

当選した後、周囲からは秀子の内助の功（死語のようなたとえだが）が讃えられたが、秀子が一番嬉しかったのは何より虎雄の言葉だっただろう。冒頭にも書いたが、取材中にその言葉を二度聞いた。

選挙を終えてある時、虎雄は秀子にこう問うた。

「ヒデ、選挙をしてぼくが一番よかったと思うことは何だと思う？」

「何です？」

「君と二人で同じ方向に向かって努力したっていうことだよ。それが一番よかったと思っている」

秀子はこの言葉を、まるで宝物のように大事そうに取り出して話した。その言葉の中には、二人しか知り得ない喜びや悲しみがこもっている。これは虎雄の本心であり、彼が何よりも愛情というものを中心に据え、大切に考えていたかがわかる。

この言葉の意味をもっと深く考えてみれば、虎雄自身も語っているように、病院づくりも選挙も、やはり愛を起点として行動を起こしたのだという証であると感じる。病院も政治も、虎雄が持つ愛情をいかに具現化するか、形にするかということであって、決してお金を稼ぐとか地位や名誉を得るということではないのである。

当選当時の気持ちを、秀子は二首の歌に託している。

八年の
苦節のり越え夢かなふ
衆議院議員初当選
二月一八日

幼児の
心になりて夫はとふ

遠足のようだと
　初登院の朝

一筋縄ではいかない政治はともかく、徳洲会グループの病院、施設などの開設においては、選挙の前後も着実にその輪を全国へと広げていった。

救急医療はもちろんのこと、離島・へき地医療、がん治療、臨床研究などに寄与し、「生命だけは平等だ」の理念をもとに、「いつでも、どこでも、誰でもが最善の治療を受けられる社会」を目指し続けている。

その結果、今では病院が七五、診療所（クリニック）が三三、介護老人福祉施設が四〇、特別養護老人ホーム一三、介護医療院一、訪問看護ステーション六一、その他の介護施設約二〇〇といったように（二〇二三年五月現在）全国に病院や施設が開設されたのだった。

また、アフリカやアジア諸国など、医療資源の乏しい国々に対し、人工透析機を寄贈したり、現地の医療従事者を研修生として国内の徳洲会病院に受け入れるなどして国際貢献もしている。

こうして虎雄と秀子の夢に共感し、支えるスタッフの努力、頑張りもあって、国内のみならず、世界にも大きく羽ばたいていったのである。

昭和六一年（一九八六）一〇月には、悲願であった故郷、徳之島に徳之島徳洲会病院（鹿児島県大島郡徳之島町）を開設した。

その際、人生の節目を感じた秀子は、深い感慨をこう詠んでいる。

嫁ぎ来て
二十六年の
喜びも
悲しみも共に
分かちてきませり

第四章

愛を語る人

虎雄の原点

取材中、秀子の口から幾度か、石川啄木と与謝野晶子の話題が出た。

文学や短歌を嗜《たしな》む者であれば、両者の名前や作品は避けて通れないということになるのだろうが、秀子にとっては同じ人間として、生活者としての二人の生き様に興味を抱いているようにも感じられた。

歌集『一握の砂』に代表されるように、今後も語り継がれるであろう数々の短歌の名作を残した石川啄木だが、生活はほぼ破綻していた。返すあてのない借金を繰り返し、放蕩《ほうとう》し、仕事に就いても長続きしなかった。不運もあったが、妻子も満足に養えないまま、病に臥《ふ》して二六歳の若さで亡くなった。

歌集『みだれ髪』で著名な与謝野晶子も、啄木同様に文学史に残る歌人だが、啄木とは対照的に、実にパワフルにアクティブに生き抜いた。歌人の夫、与謝野鉄幹との間に一二人もの子をなし、生活を支えるためにフル回転で働いた女性であった。

啄木はともかく、秀子は晶子のたくましい生活力を評価しつつ、執筆だけで生活できたのだろうかと疑問を口にして、「あそこまで鉄幹に惚れたらねえ」と言った。秀子自身の人生に晶子の人生を重ね合わせているのかとも思ったが、その口調はあくまで客観的であった。

客観的といえば、秀子が自分自身と虎雄とのことを語っている時でさえも、どこか客観的なニュアンスを含んでいると感じた。自分たちの物語に入り込んで感情的になるのではなく、時おり笑いを交え、どこか俯瞰《ふかん》して語っているような印象であった。

それがかえって真実味を帯びて聞こえるわけだが、それはやはり常に利他心で語っているからではないかと思われた。これが利己心をもって語られたのなら、感情過多の浪花節調になり説得力を失うはずだ。

虎雄同様に、秀子が何かを語る時、その胸の内の中心にあるのは常に〝誰か〟であり自分ではないのである。これはもう長年に渡ってそういう習性が身について離れないからだろう。

ただ、珍しく秀子が感情をあらわにし、憤った瞬間があった。それは秀子に対して取材もしないでおきながら、家族が虎雄の病に乗じて会社を好きなようにしているという発言を本に載せた、虎雄の元側近の件に触れた時だった。

「主人の最期を誰が看取りますか？　社会常識というものがあるじゃないですか。そういうことを書くってこと自体が不条理じゃないですか」

これはそもそも何のために虎雄と秀子が病院を開設したかという、その原点、本質を忘却、歪曲したがゆえに起きた問題であろう。

会社でも団体でも、創始者の原点というものが誤解され、利用され、忘れられ、苦難を乗り越えての設立の功労に対して敬意を払われなくなった時、本当の危機を迎える。敬意を払う者であれば、考え方が合わなくなれば黙って去るだけだ。

創始者への敬意があれば軽々に口出しはできないものであろうが、自己保身や利己心が優先されると敬意が失われ、利用しようという意思がはたらく。そうすると誠実さや謙虚さ、感謝の気持ちが失われ、嘘と傲慢さによって様々な軋轢が生み出される。さらには根っこの問題を枝葉にすり替え、己を正当化しようとする。

だがこれは単なる批判ではない。私も含めて、人間誰しもが陥るかもしれない人間の弱さにほかならない。

ただ何より、

「主人の最期を誰が看取りますか？」

という、これまで虎雄と人生を歩んできた秀子の言葉はとても重い。

この言葉の切実さを考えれば、病院や会社を誰がどうするといった問題について部外者が語るのは、まさに不条理だといえよう。

しかしながら、こうして寝返って秀子を傷つける人がいる一方、虎雄に惚れ込んで、

「家族より徳洲会の方が大事です」

と、公然と言い放った運命共同体の人もいる。

やや話が逸れてしまったが、先の元側近も含めて、多くの人の勘違いは、今日の徳洲会が虎雄のワンマン経営によって成立したと思い込んでいる点にあるのではなかろうか。それほど虎雄の個性が際立って見られているという証でもあろうが、徳洲会の歩みをつぶさに見ていけばそれは違うとはっきりわかるはずである。

歴史に学ばない者は過ちを犯しやすいものだ。歴史に学べば、何が正しくて何が間違っているのかという判断ができる。徳洲会病院の開設に猛反対した医師会も既得権益にとらわれず、徳洲会の歴史、虎雄と秀子の歩み、念《おも》いを調べてわかっていれば、納得して共存の道を選んだかもしれない。

虎雄は朝礼において、数え切れないほどの〝愛〟を語った。

「一番大切なのは、相手の立場に立ち、我がことと思って全力投球できる愛の大きさ」

「相手の立場に立ってものを考え、仕事を頑張る癖をつけること。それが愛だ」

「愛する人のために努力するのは利他であり、自分のために努力するのは利己だ」

徳洲会の血肉、骨は愛でできている。

虎雄はその愛の語り部であり、愛の実践者でもあった。

私は少なからずトップと呼ばれる人の取材をしているが、これほど真正面から愛を語り続け、東奔西走して愛を具現化したリーダーを他に知らない。

もっとも、私が映画脚本の仕事で携わった歴史上の人物で言えば、吉田松陰先生や中江藤樹先生がそれに近いであろうか。さらにはあまり知られてはいないが、桜美林学園（現・桜美林大学）の創立者で、戦時下にあって、北京の貧しい少女たちのために苦難を乗り越えて女学校を設立した、清水安三先生も生き様がよく似ている。

三者の共通点は、絶対に嘘をつかないということであった。そして、圧倒的な利他心により、教え子に絶対的で無償の愛情を注いだ。これは弱者に愛情を注ぎ続けた虎雄も然りである。

その公人たる虎雄が私人にかえり、愛するのが秀子である。秀子は虎雄にとっての守護神であり〝うなり神〟だった。そのうなり神たる秀子から聞かされた徳田虎雄の人物像は、今まで巷で言われ続けてきたものとはかなり違っていた（すでに愛を語る人という時点で違うと思うが）。

そこで本章では、秀子の視点から見た、徳田虎雄という男の本当の姿を紐解いてみたい。

教育を通して

かつては多忙によって家庭を顧みることさえ困難かと思える虎雄だったが、子育てなどではポイントポイントで秀子の相談に乗り、子どもと向き合って話をした。

最初の選挙に出る準備をしていた真っ只中のことである。高校生だった四女のゆかりが登校拒否になった。説得にも応じず、困り果てた秀子が虎雄に相談すると、虎雄は大阪のホテルにあるフランス料理店に秀子とゆかりを連れ出し、三人で夕食を食べた。秀子にしてみれば、フランス料理を食べるなど初めてのことだったというが、虎雄ですら初めてだったと語っているのが面白い。

　そこで虎雄はゆかりにこう言って諭した。

「ゆかちゃんね、こういうところに来ている人の顔を見てごらん。しっかりした顔つきをしてるでしょ。みんな頭もよさそうで、品のいい人が多いじゃない？　フランス料理を食べに来ようと思ったら、ちゃんと勉強もしないとダメなんだよ」

　すると打ち解けてきたゆかりは、自分は成績が悪いから医者にはなれそうにもないと、本音を打ち明けたのだった。そんな彼女に虎雄も本音で接した。

「医者になったからといって幸せになれるとは限らない。君は家族で一番お手伝いをする。自分のためじゃなくてママやきょうだいたちのためにいろいろ炊事をしたりしている。だから君が一番幸せになれるよ」

　そう言うとゆかりの表情が輝き、翌日から高校へと行ったという。その後ゆかりは音大の声楽科に入り、ボランティアでオペラを歌うまでになったのだった。

　秀子曰く、こんな時の虎雄は、「まるで人が変わったみたい」に優しく子どもに接し、諭したという。虎雄は子どもに対して、声を荒げて怒ることはなかった。

　また、次男の毅は中学高校と荒れて、いわゆるヤンチャだった。当時は秀子が怖くて震

えるほどであったというから、到底手に負えるものではなく、

「どう育てたらいいんでしょう？」

と、やはり虎雄に相談をした。

すると虎雄は毅に対して叱るどころか、顔を合わせるたびに、

「お前は徳田家のスターなんだから」

と言ったのである。

そして毅は荒れることも少なくなり、後年に至っては病で引退した虎雄に代わって政治家となったのである。もっとも、ヤンチャでも弱い者いじめをする者には敢然と立ち向かったというから、虎雄の血を受け継いではいたのだろう。

毅は小中高という一番多感な時代に、本当はかまってほしい父親が不在であったがために、その寂しさを周囲に向けて発散していたのかもしれない。ちなみに毅は自分の長男には虎星、次男には雄星と名付けているが、父への思い入れがうかがい知れる。

ともあれ、虎雄の言葉の力は魔法のようであった。

こうした虎雄の子どもと向き合う姿勢に対して秀子は、

「そういうところについては主人に負けたと思いましたよ」

と言ったが、勝ち負けで語るところが面白い。家庭内のことに及んでもベスト2として切磋琢磨《せっさたくま》するという意識に近かったのだろうか。

さて、徳田家の七人の子どものうち、五人（徳美・哲・美千代・眞理・真紀子）が大学医学部を卒業して医師となっている。これは何も虎雄が医師であるからという理由だけではない。秀子にはもっと現実的な考え方があった。

「自立できる人になりなさいって。だから勉強をして国家試験のある職業に就いて、食べていけるようにと。東大の文学部に行くより、医者になった方がいいって考えたんです。東大の文学部に行って何人かの人は出世してると思いますけど、みんながみんな簡単にご飯を食べられるもんじゃないですから。特にうちは、主人のすごい個性的な血を引いてるから、人に使われる身になれば、きっと喧嘩して出て行くでしょう。そしたらご飯の食べられない人になるかもしれないしね。だから、ちゃんと何か免許を持ちなさいって。できたら医者になってほしいと願いました。大学はもうどこでもいいですからね」

秀子のユニークなところは、夢を追うにしても、プロセスはどうあれ、現実問題としていかに目標に到達するかを冷静に見極めている点にある。多くの親は、いい大学や大企業に子どもを入れることを目的化するが、秀子の場合はあくまで生涯にわたって「ご飯が食べられる」ようにすることが第一なのだ。これもお金でとことん苦労した、秀子らしい処世である。

したがって医学部であればどこの大学でもよかった。子どもが医学部を目指す際、多くの親なら見栄を張って「有名大学に」と考えるものだが、秀子は現実を見据え、逆に偏差値の低い大学を勧めたりもした。

だがその反作用として、経済の問題が重くのしかかった。私大の医学部に五人も進学させるのだから当然であった。「いくつも徳洲会病院があるんだから儲かってるでしょ」と思われる方も多いだろうが、実は、虎雄の報酬は他の病院経営者と比べて驚くほど低かったという。虎雄はゴルフもしないし、自分のためのお金は極端に使わなかったにもかかわらず、秀子は学費の捻出に苦労をした。

しかも常々「お金は自分のために使うものではない」と断じていた虎雄は、教育費とはいえ、お金を使うことにうるさかった。私大の医学部ともなれば、当然子どもたちの家庭教師代や塾代も多くかかるが、事情をよく知らない虎雄は「何でそんなに高いんだ」「お金のかかることばかりして」などと秀子を責めて怒った。

多額の資金を必要とする選挙運動を始めて助かったのは、そういった「お金のことをうるさく言わなくなったことです」と言って秀子は笑ったが、当時はどこまでもお金に追われる生活だったのである。

余談になるが、娘らが大学医学部に入学した際、医者の子どもともなれば製薬会社からお祝いに冷蔵庫や洗濯機といった電化製品などが贈られると知った。だが彼女らは、なぜか徳田家には贈られて来ないことに疑問を抱いたのだという。それは当然のことで、徳洲会病院では患者の負担を減らすために、薬はできるだけ少なく処方するのである。儲けさせてもらってもいないのに、贈り物が来るはずもない。もっとも、贈り物が来たら虎雄なら送り返したであろうが。

「みんな、お医者さんの家の子はもらってるよ」

「でもお父さんはそういう人だし、人のためにっていうね。学校出していただけるだけでもありがたいと思わなきゃね」

娘と秀子の間でそんな会話が交わされたという。

いよいよ最後に真紀子を大学に入れる時も学費をどうするか、秀子は頭を悩ませた。そこで鹿児島銀行の支店長がかつての同僚だったので、事情を話して何とか三分の一の学費を借りた。そして残りの学費は二人の友人から借りて、銀行よりも多めの利息を払って返したのだった。後に友人からはその利息分で助かったと逆に感謝されたというが、お金の苦労を知る秀子だからこそ自分だけが得をしない、助け合うという利他心がこうした局面でも生かされるのである。

こうした経済面での苦労を乗り越えて、無事に真紀子が大学医学部への入学を果たし、やがて国家試験に合格した時――

「ヒデ、ありがとうな」

と、虎雄は秀子に言った。

これも選挙後の礼の言葉と同じく、人生で一番嬉しかった言葉だと、やはり大切な宝物を取り出して見せるように、秀子は教えてくれたのだった。

繊細さと機転と機微

虎雄は語る――

「ぼくは朝早くから夜遅くまで働く。そして毎日、手帳に◎○△×をつけて自分を採点する。四三年間（注・虎雄が五八歳当時）ずっと続けてきて、毎日ほぼ◎だけになって、やめた。すると不思議なもので、心が少し緩んでくるのだ。これはいけないと思って半年後にまたその習慣を始めたら、毎日◎をつけられるように努力するから、心がずいぶん充実した。だからまた、続けている。何を採点するかというと、自分は医療人として大丈夫か、企業人として大丈夫か、郷里に対して大丈夫か、国民に対して大丈夫か、などなどを毎日反省して、◎をつけられるかどうか自分を点検していくのだ」

「ぼくは高校時代から五時四五分に起きて六時から勉強する癖がついているから、今でも五時四五分になったら目が覚める。昨日も二時半に寝たけれど、五時四五分に目が覚めた。なんだか弱い人が自分を待っている気がするのだ」

ストイックといえばそれまでだが、虎雄のことを調べれば調べるほど、これほど繊細な人は世の中にいるのだろうかという気持ちにとらわれてしまう。常人であれば死ぬのではないかと思うほど目標に向かって自分を追い詰め、決死の覚悟で挑戦し、休まずに働き、結果を出す。

いや、ふつうの人ならば虎雄のような生き方はしない。自分を守るためにある時は力を緩め、妥協し、休んで心身を整える。だが虎雄がそれをやったような形跡は見当たらない。

父親のように自らを顧みずに人に尽くすという血と、極限にまで耐え抜くという母親の血、さらには理不尽な弟の死を目の当たりにしたという体験を掛け合わせると、虎雄のような傑物が出来上がるのかもしれない。

虎雄は外科手術の腕もよかったというが、一つ間違えれば命取りになるという、職分としての細かさ、繊細さもあったのだろう。仕事だけでなく生活面すべてにわたって、わずかな間違いやルーズさを許さなかった。

最初の病院の融資を受けるため、子どもが寝静まってから秀子が事業計画書を書いていた時のことである。当時はパソコンやコピー機などもなく、書類はすべて手書きだった。計算書の表を作成するのに秀子が定規を使って一本一本線を引いて書いていくのだが、それを見ていた虎雄が、

「ヒデ、（表の）上の線と下の線とが太さが違うやないか。鉛筆がだんだんチビてきたら太くなるのがわからんのか」

と注意したのだった。

秀子はそれで仕方なく線を書き直すことになったという。

また、最初に開設した松原市の徳田病院時代、秀子が夥《おびただ》しい数の札を数えていた際、

虎雄が数え直して「一枚多かったぞ」などと叱られたことも度々あった。

「もうほんとに何事に対しても緻密で厳しいですから」

と秀子は呆れ顔で笑うが、そうでなければあれだけの大きな仕事はできなかっただろう。


虎雄は機転の人でもあった。

新婚当時、秀子が近畿大学の薬学部に合格した時のことである。入学金や学費の支払い状況などを確かめるための父兄面談があった際、虎雄は自らを兄と名乗って受けたのだった。身許を調べられればすぐにバレるのだが、まだ大らかな時代だった。虎雄は機転を利かせて無事に面談をこなしたのだった。

選挙運動をしている時のこと。名瀬市にて何千人と集まる集会があったのだが、その日は土砂降りの雨で、移動で使用していた飛行機が飛べない状況になった。集会は中止かと思いきや、虎雄は承知せず、「出せ、出せ」と言って譲らなかった。虎雄自身がどこを飛ぶか指示を出すからと言うのである。結局強引に発たせたのだが、虎雄は低空飛行で島伝いに進み、無事に現地に到着して、その機転に秀子も感心したという。

こう書いていくと、虎雄はクソ真面目な熱血漢で、強引な人物とも受け取られかねない。だが先にも書いたが、「徳田の女房は大変だって絶対思われてるよ」と冗談まじりに秀子に言ったように、実際は茶目っ気のある人でもあった。

選挙運動中、秀子が「今日は上品な婦人部の方ばかりが相手だから、あんまり変なことは言わないでね」と頼むと、虎雄はわざと変なことを言って「家内からそういうことは言わないようにと釘を刺されていました」と話してウケを取るのだった。

「本人はまったく羞恥心のない人だから」

と秀子は呆れるが、言葉を飾るのが本意ではなかったせいかもしれない。

大喧嘩をして二日ほどお互いに口もきかない時があった。だがそのうち虎雄が翌日に控えている知人の結婚式に代理で出席してほしいと頼んできた。嫌とも言えず、秀子は気持ちが収まらないまま承知をした。

そして結婚式会場のホテルへと行った時、向こうからニコニコして手を振っている男がいる。虎雄だった。

「ヒデ、すまんな。今日は頼むよ」

と掌を返すような笑顔で言う虎雄に、秀子は脱力し、もう怒る気にもならなかった。

総じて考えてみると、虎雄は繊細ゆえに機微というものがよくわかっていたのではないだろうか。

ときどき、虎雄は謎かけのようなことを言った。

例えばある席上で――

「宮本武蔵はなぜ、海に囲まれた巌流島での決戦に挑んだのだと思う？」

と皆に問いかけた。

誰もわからず、秀子に答えを求めたが、彼女にもわからなかった。

「勝っても負けても陸続きだったら追われて殺されるんだよ。陸にはね、佐々木小次郎の味方が大勢背後にいるじゃないか。でも海までは追っかけて来られないだろう。だから海を渡ったんだよ。そしてわざと遅れて行って、相手の心を揺さぶってイライラさせる。そういう作戦だ」

それからこんなクイズも出した。

「よく統率のできる大将が二、三人いて、兵隊が少ないのと、大将が一人だけで兵隊がたくさんいるのとでは、戦ったらどちらが勝つと思う？」

秀子は自分のことを言っているみたいだと思いながら、他の医者たちにも同じ質問をして聞いてみたりした。中には「大将が多い方が勝つんじゃないか」と答える人もいたが、答えは後者だった。

大将が多いのはかえって統率が取れないというのである。

なるほどと秀子は思ったというが、虎雄はふだんからこうした知恵をつける思考のトレーニングをして、感性を磨いていたのだろう。

「何て言うんでしょう、（虎雄が）突然パッと言い出すことは、本当に正しいことを言いますね。究極の正しいことをね。自分でもどうしてそこに気づかなかったんだろう、何で思いつかなかったのかなって自分を省みたりする時もありますけど、本当に咄嗟《とっさ》の機転がきく。あれはやっぱり不思議ですよね」

と秀子は言ったが、長年連れ添った彼女ですらそういう感覚なのである。虎雄の鋭敏な感性というものはやはり特別なのだろう。

危機管理

リーダーの真価というのは、有事の際、迅速に的確な判断をし、指示、行動ができるかどうかにかかっている。

救急医療を原点としていた虎雄にとって、常に有事の状態に意識を置いて、いざとなれば一刻も早く人命を助ける体制を想定していた。

昭和六〇年（一九八五）の八月には日航機墜落事故が発生し、五二〇人もの人命が失われたが、その際、

「総理は何やってるんだ！　今晩中にライトつけて、総力をあげて行って探せば、明日探すより一人でも多く助かるんだ。ぼくだったらそうする」

と、職員らに語る虎雄は怒り心頭だったという。

虎雄の性格であれば、もし総理の立場なら米軍でも何でも手を借りて総動員をして、一人でも多くの生存者を見つけようとしたことだろう。

徳洲会の職員の一人が瀬戸内でサーフィンをやっていて、突然の時化《しけ》に遭い、流されて

しまったことがあった。虎雄はその時東京にいたのだが、一報を聞いて「今晩中に探し出せ！」と号令をかけた。そこで一〇名ほどの職員たちが長靴を履いて棒を持ち、岩場を探した。その結果、岩にしがみついている職員を発見して救助したのだった。「おーい、おーい」という探す声を聞いた時、助けられた職員は涙が出たというが、虎雄の危機管理の判断の迅速さを物語るエピソードである。

平成七年（一九九五）一月に発生した阪神・淡路大震災の際も虎雄の指揮のもと、発生直後から神戸徳洲会病院を拠点にして医療支援活動を始めた。

虎雄の現場主義は徹底していた。治療で運ばれて来る患者だけを診るなと言い、その現場現場で対応するという姿勢だった。人の言うことばかりを信用してはいけない、現場に行って自分の目で確かめ、それぞれの状況に対応してどうしたらいいのか、一番いい方法がわかるのが現場だというのである。

「被災者がどうしてここに病院があるとわかるんだ。こっちから行かんか」

と虎雄は言ったが、「それはそうだな」と秀子は感心した覚えがある。

そしてこの阪神・淡路大震災の支援活動の経験を生かし、平成一一年（一九九九）九月に発生した台湾大地震に〝徳洲会災害医療救援隊（ＴＤＭＡＴ／現・特定非営利活動法人ＴＭＡＴ）〟を編成して派遣し、被災者の支援活動にあたった。

さらには平成二三年（二〇一一）に起きた東日本大震災の時にも、発生当日からＴＭＡＴを中心にして支援活動を開始した。

その時すでに虎雄は病によって病床につき、気管切開手術を受けて声を失い、文字盤を目で追ってのコミュニケーションとなっていた。だがそれでも現場の危機的状況を知ると、徳洲会グループの総力をあげて、支援と治療の受け入れをするようにと、全国の病院、施設に指示を出した。結果、現場において支援活動に従事する医療スタッフは何百人にもなり、精力的に支援活動を展開した。

当時を振り返って秀子は言う。

「病院に簡易ベッドを広げて、被災者を救えって言ってましたね。だから震災以後につくった病院などは、いざという時に役立つから廊下を広くしてとかね。大型トラックで救援物資を運ばせたり、あの時はずーっと指示を出してました。どんな状態になっても決して諦めないし、一生懸命にやろうとするのは変わりませんでしたね」

コロナ禍の初期の二〇二〇年二月。横浜港に到着した大型クルーザー船内で集団感染が起きて大きな問題になったが、国の要請を受けて感染した一〇名のクルーを真っ先に受け入れたのも徳洲会グループの病院であった。当時は未知なるウィルスとして、国民だけでなく、多くの医療関係者ですらどう対処してよいのかわからず、戦々恐々となっていた時期のことである。

結果、院内感染もなく、無事にクルーを治療、退院させることができた。それも最新の医療技術はもとより、日頃からの危機管理ができているからこそであった。また、徳洲会においては、コロナ患者を誰ひとり拒否することのない受け入れ体制も取り続けた。

これらはやはり、徳洲会における〝虎雄イズム〟が確実に根づいている証といえるだろう。

「世界の厚生省になる」

と虎雄は言った。

その言葉通り、今では世界有数の医療グループとなるまでの成長を遂げた。

もし徳田虎雄という男が、総理大臣、あるいは厚生労働大臣だったらと考える。

コロナ禍のような国難に遭った時、彼であればトップとしてどういう指示を出していただろうかと。いくら思っても詮無《せんな》いことだが、リーダーシップの乏しい今日の日本政治の貧困さを感じる度、そんなことを夢想するのである。

当たり前のこと

秀子によれば、虎雄は若き日から毛沢東や周恩来、朱徳といった中国の政治家、思想家、革命家、軍人などの本をよく読んでいたという。

そして秀子にこう言った——

「ヒデ、革命っていうのはそんなに難しいもんじゃないんだ。当たり前のことをすればいいんだ」

革命でも起こすつもりなんだろうかと秀子は訝《いぶか》るものの、今にして思えば、それは医療における革命だったのかもしれないというのである。

虎雄が医者になることを志した時代、秀子曰く「医療界はめちゃくちゃだった」。土日は休んでゴルフに行き、贈り物をもらって患者を差別し、救急車で運ばれる急患はたらい回しにされることが常態化していた。第一に救済すべき患者を蔑《ないがし》ろにしていたのである。

「医者としてしなきゃいけないことができていない、普通のことができていない医者が多いことに対する彼（虎雄）の思いが深かったんじゃないかと思いますね」

実際、医者として倫理観のない、普通ではない状態を目の当たりにして、何とかしたい一念で、虎雄は年中無休二四時間オープンの病院をつくるのだと、秀子には当初から話していた。

つまり虎雄は、人間として当たり前の、ごく普通のことをするのが革命だと結論づけたのだった。

理不尽な弟の死が、虎雄が医者になる原点となった。だがそれ以前より、支配され、虐げられ続けた島の現実、貧しい生活があった。そうした弱いものいじめは人間の尊厳を侵し、誇りを奪う間違った行為であり、当たり前のことではなかった。虎雄にとって断じて許してはならないことであった。

虎雄の生涯はそんな間違いを正し、〝当たり前〟を取り戻すための戦いの連続だったと言える。

世間では虎雄のことを風雲児、異端児、変わり者と呼んで特別視するが、実は当たり前のことをやろうとしている人にすぎないのである。たまたま当たり前のことをやろうとする人が極めて少ないから、彼は特別な人間だと思われてしまうのだ。

人間は弱いから、数が多い方になびく。その方が安心するからである。恐ろしいのは、それが間違っていてもなびくことだ。ましてやお金を与えられ、地位を与えられ、生活の安定を与えられるとなれば、間違ったこと、自分の意に反することでも受け入れる。だが虎雄はそんな利己的な保身を一顧だにせず、一切妥協しなかった。

その虎雄を支えたのは、絶対的な愛だった。

妻や家族、故郷、弱者へ注ぐ愛は、何があっても絶対に変わらぬ真実であった。愛という名の真実を基準にすれば、何が正しくて間違っているのか、嘘か本当か、どう行動すればいいのか、一目瞭然であった。

当たり前のことが当たり前でなくなっている多くの人にとって、そうした虎雄の純粋を理解するには遠く及ばない。深く考え抜かなければならないことを避け、誤魔化し、快楽に逃げ、自己保身のために相手に合わせ、時には誹謗中傷を繰り返し、差別をして優位に立とうとする。

当たり前のための革命を、虎雄が起こしたのは無理もなかった。

虎雄は神でも聖人君子でもない。世俗に揉まれることを嫌い、人里離れて暮らすのであれば、聖人君子でいられたかもしれない。だが彼が理想として求めたものは、隠遁《いんとん》生活では得られなかった。自らの弱点、恥をさらしてでも戦い、つかみとらなければならないものであった。

一人の真っ当な人間として生きようとしただけなのだが、一部の人は勝手に彼を面白おかしく神格化し、裏ではこんなに乱暴なことや、汚いこともしているのだと一方的にあげつらっただけの話ではなかろうか。

私自身は、虎雄の何百分の一も、本当の意味で生きてこなかったと自省するしかない。だから本来は、批判どころか賛辞であっても書く資格を持たないというのが本当のところである。

繰り返しになるが、もし徳田虎雄という男を批判できる人がいるとすれば、それはやはり同等以上の努力をした人か、苦楽をともにした秀子だけなのである。

虎雄が成し遂げた仕事からすればとても小さなエピソードだが、印象的な話がある。

大阪に住んでいた頃のことである。子どもたちもいずれは徳之島の人とではなく本土の人と結婚するのだろうし、いつまでも実家のお墓を守るのも大変だろうからと、秀子は墓地を探し始めた。

そのうち太子町（大阪府南河内郡）という、聖徳太子の御廟所があるという町に、日当たりのよい、とてもいい感じの墓地を見つけた。虎雄の母、マツにも言うと、「ヒデちゃんここはいいね」と気に入ってくれた。

そこで虎雄に墓地を案内したのだが、虎雄は歩き回っているだけで一言も発しない。秀子が何を考えているんだろうと思っていると、虎雄はようやく重い口を開いた。

「ヒデな。墓は島から移したらいかん。人間はルーツをなくしたら浮草みたいになる。ぼくは死んだら徳之島の墓に入るんだ」

虎雄は病で寝ついてからも「ぼくは焼かないで徳之島の墓に入れてくれ」と頼んだというが、それを聞いて秀子は恥じ入ったという。

「故郷に対してそれくらい根深いものがあったんだ、格好ばかりじゃないんだと思って。私はどこでもいいと思っている人間なんだけど、主人は愛郷無限っていう、故郷をそういうふうに思うんです。本当に考えさせられて、私はちょっと浅はかなのかなあとか考えて恥ずかしくなったりしましたね」

虎雄は自分が愛するものについては本当に深く考えたのだろう。自分の原動力ともなればそれは当然だろうが、大体の人は「愛している」というところにとどまるのに、虎雄はそのずっと奥深くまで思考しているかのようだ。虎雄の愛の中には、人生を決定づけるすべてのことが入っているのかもしれない。

虎雄の「当たり前革命」について、秀子はこう語っている。

「真実を真実として、当たり前のことをしなきゃならない人間として。（虎雄は）必死にいつも、いつも生きて来たという、私はそれしかないと思いますね。そして振り返れば、結果が残って来たということじゃないかなと。自分の人生を考えてもそう思いますし。どこかで私が『もういいや』って諦めていたら、今の人生はなかったなっていつも思うんですね」

紙一重の人生

幾度も書いたが、虎雄は小学校三年生の時、貧しさゆえに無残な弟の死を目の当たりにしてから、尊敬すべき医者に不信感を抱くようになった。それを引き金に、医者だけではなく、えこひいきをする先生や人のために尽くす父親を逮捕した警察官などにも不信の目を向けた。

　だから小学校では先生に反抗ばかりしていたという。

「五年生ぐらいになると学校の先生に反抗ばかりしていたから、ぼくは目をつけられて、ずいぶんと意地悪をされた。土曜日の午後の授業で先生が、この問題を解いたら帰ってよろしいと言って、算数の問題を出した。ぼくは算数は一番だったからチャッチャッと解いて、答案用紙を提出して帰った。そのあとに次の授業を始めるのだ。こういうふうにして、さんざんいじめられ、殴られた」

　と虎雄は語っているが、弟を見殺しにした医者と同様、先生からのいじめも虎雄少年の心に深い傷を負わせたに違いない。

　こうした環境であれば、一歩間違えば人の道を外れてもおかしくはなかった。実際、虎雄は朝礼において、平成一三年（二〇〇一）六月に大阪教育大学附属池田小学校で起きた、痛ましい児童殺傷事件に触れ、犯人に弁明の余地は一切ないとしながら、

「あの鬼畜のような犯人と我々の間にもともとはそれほど大きな違いはなかったのではないか、もし我々が犯人と同じ境遇で育ったとしたら、同じような道を辿らなかったと言い

きれるだろうかと思うのだ。人間は誰しも、追い込まれたらどうなるかわからない。育て方や教育によっては、同じ人間が犯罪者にも、人を助ける人間にもなるのではないだろうか」

と言い切っている。

ここでは言及していないが、おそらくは自らの体験と重ね合わせていたのではないかと思う。

虎雄はこう続けている。

「人は紙一重の人生を生きている。人がよい方に向かうか、悪い方向に進んでいくかは、紙一重の差なのだろう。人生が紙一重で少しずつ狂うと、悪い人間になってしまう。結局、日頃の行いの積み重ねが大切なのだと思う」

幸いにして虎雄の場合は、貧しいながらも愛情を注いで育ててくれた徳千代とマツという両親がいた。さらに徳千代は人のために身を削るような父親であり、マツは賢く忍耐強い母親であった。二人の背中を見て育った虎雄が人の道を踏み外すはずもなかった。だがこれは、虎雄に言わせればたまたまであり、紙一重だったということになる。

また、虎雄は子どもの頃から、

「いつも不安や恐怖心を持って生きてきた」

と言っている。

医者になるのだったら徳之島の高校では一番にならないといけないと不安にかられ、勉強は一日も休まなかった。医学部に合格した後もずっと生活や勉強、将来に対する恐怖心を抱いていた。

だが、その恐怖心があるからこそ無茶苦茶な努力ができ、自分の言動に不安があるから「すべてに全力投球する」のだと虎雄は言う。

虎雄はよく人から「なぜそんなにいつも気合いが入っているのか」「なぜそれほど頑張りがきくのか」といった質問をされたというが、彼の答えはこうだった。

「それは怒りと悲しみと恐怖心なのだ。そしてその基となるのが愛だ。愛がない人は怒りを覚えず、悲しみも湧かない。恐怖心も、愛があるから芽生えるのだ。ぼくの愛の表現は、怒りであり悲しみであり恐怖心だ」

この怒りと悲しみと恐怖心をもう少し深く考えてみると、紙一重の生死に行き着くのではないかと私は考える。

虎雄は生まれ落ちた瞬間に紙一重の生死を知り、弟の死によって紙一重の生死を知り、医者として紙一重の生死を知った。それは怒りであり悲しみであり恐怖心であった。

そして、その怒りや悲しみ、恐怖心を和らげ、打ち勝つための努力、頑張りを生み出すのが愛だと知った。

人間の弱さを克服し、自分の恐怖を凌駕《りょうが》するには愛の力しかないという真理を、虎雄は若くして悟ったのではないだろうか。

そして、その愛の実現の第一歩が、秀子の存在であったのではないかと思うのである。

ユー・レイズ・ミー・アップ

夫婦となって秀子が上阪し、間借りして虎雄と住み始めた頃のことである。

ある日、虎雄が秀子に、

「ぼくと一緒に死ねるか？」

と聞いてきた。

つまり、心中できるかと言うのである。

直接的な原因は秀子には心当たりはなかった。ただ結婚当初はよく喧嘩をしたような気がするという。明るく大らかな秀子と、繊細で緻密な虎雄だった。秀子は結婚してみて初めて「これはえらいことだ」と思ったというから、当初はそのぶつかりが結構あったのかもしれない。

ともかく、一緒に死ねるかと、虎雄は秀子に問うた。

秀子にも意地があった。

「死ねますよ」

と答えた。

すると虎雄は秀子を引っ張って四畳半の部屋へ連れて行き、布団を並べて敷いて、「寝ろ」と言った。秀子が横になると虎雄はガス栓をひねって開け、自分も寝たのだった。ちなみに昔の都市ガスには今とは違い、石炭からつくっていたので成分中に猛毒の一酸化炭素が含まれており、当時は自殺の手段としてよく使われていた。

秀子はシューッというガスの出る音を聞きながら、

(もうどうでもいいや。こんなうるさい人と一緒にいるよりは……)

と開き直ったという。

ところが言い出した虎雄の方が慌ててガス栓を閉めてしまったのだった。

「（原因が）本当にわからないんですよ。どうしてそういうことをしたのか。突飛なことをする人だけど、不思議ですよ。ただ今思うと、自分への愛情が本物かどうか、推し量ったのかもしれません」

そう言って秀子は笑った。若き日の虎雄は真剣だったのだろうが、自らがガス栓を閉めたところを見れば秀子の推測が正しいのかもしれない。

虎雄の心境を考えれば、本当は死ぬ気などないのに、秀子の方が逆に本気で死のうとしているとわかって焦ったのだろう。

過ぎ去った日々を思えば、このエピソードも笑い話になる。だが、当時の虎雄にしてみれば、結婚はしたもののいざ同居してみると喧嘩が絶えない。ヒデのぼくへの愛は本物だろうかと疑心暗鬼になったのではないか。いや、それ以前に自分自身の愛は本物なのかと苦悩し、答えを出そうとしたのではないのか。

夢を叶えるために人並み外れて頑張り、努力する義務を自らに課した虎雄は、一〇代の頃より孤高の男だった。

弟を見捨てた医者、人のために尽くす父親を刑務所に入れた警察、えこひいきをする教師――虎雄は子どもの頃すでに大人の汚さを知り、信じられなくなっていた。

「医者は貧乏人を助けない。学校の先生は、えこひいきばかりする。警察官はぼくのおやじのような闇商売をしている人間は捕まえるけれど、本当に悪い奴は捕まえない。そういう、地獄の沙汰も金次第というようなことばかり見て育ったから、可愛げのない子どもになったのだ。

それでもぼくは、何をやるにしても全力投球でぶつかった。本来は素直でいい子だったと思う（笑）。学校が終わるとまっすぐ家に帰り、かばんを置いてすぐに畑に行き、おふくろの手伝いをした。親孝行というより、家族のために必死に働いているおふくろを見ていると、遊びたいという気持ちが起きなかったのだ」

子ども時代について虎雄はこう語っているが、大人を軽蔑し、信じない一方で、一家を支えるという使命感を強く抱き、大人のようによく働いた。この時すでに虐げられている人、大変な思いをしている人を救うのだという、「本物の愛」を知っていた。

虎雄にとって、愛こそがすべてとなった。

そんな中で虎雄は秀子と出会った。

ひと目見た瞬間から、愛の成就を信じた。この女性となら、どんな苦労も厭わないし、どんな困難をも乗り越えてゆけると直観した。だがもし秀子との愛が実らないのなら、同じ愛を描けないのであれば――結婚するしないといった問題以前に――ぼくの夢も叶わないのではないか……そんな恐怖を抱いたのではないだろうか。

そういえば、と秀子がこんなエピソードを話した。

虎雄と秀子が一緒に住み始めて間もない頃、徳之島の後輩の男性が訪ねて来た。彼は賢かったが、家の経済的事情で大学には進学せず、横浜で就職することになっていた。

「あいつ、何でここに来たと思う？」

その彼が帰った後、虎雄は秀子に尋ねた。

「さあ、わかんないわ。ご近所だったからじゃない？」

「あいつはお前のことが好きだからだよ」

虎雄はそう言ったが、秀子は一度も感じたことはなかった。繊細な感性の虎雄は、敏感に感じ取ったのかもしれない。

「そういうことに対する気持ちもあったのかも」

と、心中もどきのきっかけについて、秀子は推測した。

もちろんそのことがすべてではないが、虎雄の中で秀子の愛情を確かめたいという思いが渦巻き、耐え難くなったとも考えられる。

虎雄はよく秀子に「愛している」と言った。秀子は「愛している」よりも「好き」という、気持ちで言える言葉の方が好きだと言った。愛という言葉は誰でも簡単に言えるのではないかと。確かにその通りだと感じる。

だが虎雄の「愛している」は本物だった。彼が「愛している」と言う時は全身全霊、身も心もすべてを捧げているということだ。

徳洲会で働くすべてのスタッフにおいても、虎雄は全身全霊の愛を持って患者に接することを求めた。彼にとっての愛は絶対的な信頼であり、信用でもあった。同じ愛を持って働くと一旦誓えば、虎雄は彼らを自らの分身として考えた。思うように事が運ばない時には側近に手をあげることもあったが、それは自分自身を痛めつけるのと同じであった。怒りと悲しみ、憎しみのうちより愛を見出した虎雄は、愛の実現のためには戦車のように妨げるものを跳ね除けながら突き進むしかなかったのである。

秀子との話に戻る。

心中もどきの一件があって後、秀子は単身で叔父の家に下宿して受験勉強に専念したいと虎雄に切り出した。女性は現実的である。こういう状態では勉強も難しいと感じたのだった。

「あなたが寮に行って、私は叔父の家の天六の家に下宿する。お金も安くつくし、私は毎日中之島図書館に行って勉強を絶対しないと、薬学部には受からないと思うから、別居してくれない？」

と秀子は思い切って言った。

虎雄は不機嫌な顔をしていた。秀子はさらに——

「本当に私があなたを嫌いだったら今すぐ出て行きますよ。やっぱり一緒に人生をともにしたいから、私も近大の薬学部にどうしても入らないといけないの。そうじゃないと、生涯私が高卒だと、あなたと一緒に過ごす自信がないの。私にだってやっぱり自尊心というものがあるから、そこまでは頑張らないと——」

と言い続けて説得をし、虎雄に承知させたのだった。

これは単なる学歴の問題ではない。人間としての誇りを賭した一大事である。もし秀子が大学進学を諦め、医者の妻であることに満足するような女性であったのなら、今日の徳洲会はなかったかもしれない。
互いに切磋琢磨《せっさたくま》してベスト2の存在になりたいと言ったのは虎雄だが、彼にそれを強く想起させたのは秀子の忍耐強い人間性を看破したからだろう。

秀子のエッセイや歌集に『ユー・レイズ・ミー・アップ』という曲が取り上げられている。もとはアイルランド、ノルウェーのミュージシャンであるシークレット・ガーデンの楽曲だが、様々な歌手がカバーしており、日本ではアイルランドの女性グループ、ケルティック・ウーマンによるカバーで有名になった。

これは平成一八年（二〇〇六）二月に開催されたトリノ冬季オリンピック大会において、アイススケートの荒川静香氏が金メダルを獲った際、エキシビジョンでケルティック・ウーマンがカバーした曲が使用され、日本中で知られるようになったのである。
『ユー・レイズ・ミー・アップ』の大意は――私が疲れ果てて落ち込んだり、困難に遭遇して途方に暮れている時、あなたがそばにきて励ましてくれる。そうすると私は高い山の頂上までだって登れるし、荒れ狂う海でも航海できる。あなたによって私はとても強くなって、今まで以上の自分になれる――といったことだが、女性が歌えば女性主観の、男性が歌えば男性主観の歌に聴こえる。

秀子はこの歌のように「夫（虎雄）から力を与えられた」と書いているが、私はむしろ虎雄の方こそ、秀子から大きな力を与えられたのではないかと感じるのだ。

いずれにしても人間が愛情を持って支え合い、生きてゆくことの素晴らしさと美しさというものを、虎雄と秀子という夫婦に教えられるのである。

すべてを味わった人生

平成一四年（二〇〇二）四月、虎雄はＡＬＳ（筋萎縮性側索硬化症）の診断を受けた。その後、平成一六年に胃瘻《いろう》造設術を、翌年には気管切開手術を受け、人工呼吸器を装着した。

ＡＬＳとは筋肉がだんだんと痩せていき、力が弱くなって体を動かせなくなる病気で、根本的な治療法はなく、それぞれの症状によって適切な処置をしなくてはならない難病である。

虎雄は病床にあっても指示を出し、秀子や家族、スタッフの協力を得ながら精力的に働き続けた。だがここではその具体的な働きぶりまでは書かず、ただ秀子の切実な思いを書くにとどめたい。

「目が覚めるごとに今日も命があったって、そんなふうに毎日思っているのかなあって……そう考えたらやっぱり悲しくもなるし、かわいそうだなあって……（最初の頃は）『これは治らない病気だから覚悟しなければならん』って。『だけど悔しいなあ、まだ元気で何でもできる齢なのに』って毎晩言ってましたね。まだ六二でしたから。先のことを考えるとどんな思いだったかなって考えるんですよね。自分は医者だから、どうなるかってわかっているわけですよ、でも『死よりはいいかな』って、『がんや脳梗塞でなくてよかった』と私に言いましたね。がんだったらもっと大変だって……。

本当にね、主人も思いもしなかった人生だろうなあって、寝ながらたまに思ったり……あんなに人のために頑張った人なのに、神様はなんでこんな人生をお与えくださったのかなあとか……悔しい限りですよね今は……私も主人も」

と言って秀子は涙ぐんだ。

今も意識ははっきりしていて、頭もしっかりしている。孫が大学に合格したとか、嬉しい報告をすると頬をあげて表情を緩めるという。秀子はそんな虎雄を見る度に、青春時代のことを思えばこうなる運命だとは「針の先ほども」思わなかったと言う。

そして――

「やっぱり人間の運命って、先に何があるかわからないから。名もなく貧しくても、家族が穏やかにいることが、人間にとって一番幸せじゃないかなって今はよく思います。そういう現状に感謝しないといけませんよ。でも、お金がないのはちょっと困りますけどね。食べる分だけはないとね。私はそういう難儀もしたから」

と、いつもの明るさを取り戻したかのように言うのだった。


この秀子の言葉は、虎雄とのこれまでの道のりを考えてみると、とても深い言葉に感じる。虎雄の病気に関して私自身が何かを論じる資格はない。だがどう思うかと問われたならば――これはあくまで印象だが――世の中の数多の人々の苦しみや苦悩を一人で背負い、今なお愛を貫き続けているのだと思うのである。

端的に虎雄の人生を物語る、ある日の朝礼時の言葉がある。長い引用になるが紹介したい。

「『愛に生きる』というのは、自分のためではなく世のため人のために頑張るということだ。『生命《いのち》だけは平等だ』は、医療をする時に目標とする心だ。そして生き方は『真実一路』。自分を判断する基準を示す。ぼくは『神のごとく判断し、仏の心で行動する』ことを目指している。そのためには『努力、努力、また努力。無理な努力、無駄な努力、無茶苦茶な努力をして初めて道は開ける』。『自分にしかできないことをする』というのは、人にできることは人にさせればよい、人ができることを自分がやる必要はないという意味だ。人がやることを自分もやっていたのでは、人と同じように失敗するだけだ。自分の考えに固執せずに、よい考えに従うことが肝心なのだ。

ぼくは、自分は何のために生まれてきたのか、何をするために生きているのか、死ぬまでに何をしなければならないか、そういうことを毎日、考えている。『弱きを助け悪をくじく』という基準で自分の行動の是非を判断するのだ。

人生は闘いの連続だ。そしてその闘いの中でも最も手ごわい敵は、己の怠け心、甘え心、欲望、つまり己自身なのだ。だからまず、自分自身に勝つことが大切だ。克己心を持ち己をコントロールすることは、人間としての修行の一つだろう。

かといって自分の人生に一切の妥協を許さず、完璧な人生を歩まなければならないと思い詰めるのは、生身の人間としては正直つらいものがある。だから『過去はすべて正しかった』と思うようにした。これからどう行動するかが大切なのだと考えることで、前進することができるからだ。

　ぼくはこの一年の間もいろいろと考えてきた。八月から一〇月あたりは、人生に少しゆとりを持ってやった方がいいのではないかと思ったりもした。しかしやはり、生き方を変えるのはよくない、我が人生は『全力投球日々あるのみ』ではないかという思いに返った。だから来年もまた、全身全霊をかけて大義に向かって突き進もうと思っている。皆さんも一緒に頑張りましょう」

　こんなことは絶対に無理だと言う人もいるだろうし、あるいは綺麗ごとだと言う人もいるだろう。だが虎雄の人生はこの通りだった。ただ、こんな生き方をする人間はごく稀であり、ほとんどの人は想像もできないのである。朝礼では最後に「頑張りましょう」という言葉で締めることが多かったが、自分と同じような努力をして頑張るのが無理なら、せめて一〇分の一、一〇〇分の一でもいいからやってほしいと願いを込めていたに違いない。

「本当に何て言うか、主人があんまりかわいそうすぎてね。あれだけ頑張って、これだけの病院をつくってね、費用の工面もしたのに、何かこう、悪いことばっかりっていうような印象で書かれてね。許せないなあっていうのがあるんですね」

と秀子は悔しさを滲ませて言った。

秀子が長年にわたり虎雄に寄り添い、艱難辛苦《かんなんしんく》を味わって来たことを思えば、耳目を集めるために虎雄のマイナス面を本に書かれ、テレビメディアで面白おかしく描かれるのは、悔しさと怒りの感情でしかないだろう。

虎雄が公に尽くして来た以上、秀子のそれは私憤ではない。彼らは虎雄の個性が強烈であるがゆえに、本質を見極めようとはしなかった。彼らにとっては一過性の、その場しのぎのウケ狙いでいいかもしれないが、虎雄はこれまでの生涯を、全身全霊、弱者のために捧げて来たのである。未だに世界のどこかで弱者を救うための戦いが続き、これからも続いてゆくであろうことを思えば、虎雄のマイナス面を強調するのは重い罪にも感じる。

虎雄は一番の理解者である秀子から愛をもらい、それが努力、頑張りの原動力となった。

二人が支え合い、時にはぶつかりながら、ベスト2の存在となったことで、多くの人の命が救われた。

これは賛辞こそ贈られても、誰にも否定も批判もできない、厳然たる事実なのである。

かつて徳之島という小さな島から出て、名もなく財もない夫婦が蒔いた一粒の種は、今では大樹となり、世界中に枝葉を伸ばし続けている。


秀子はしみじみと言う――

「本当にもう、いろいろありましたね。すべてを味わった人生だったんじゃないかしら」

その人生は虎雄とともにあった人生であり、虎雄もまた、秀子とともにあった人生なのである。

我一人
決して成し得ぬ
吾が人生
君との旅路で
己を越えたり

おわりに

冒頭の繰り返しになるが、これはもう書けないというのが正直な気持ちだった。書くことを生業とする以上、版元から依頼をされれば「わかりました」と二つ返事で書いて来たのだが、今回は逡巡した。

徳田虎雄という名前はもちろん知っていた。だが、妻の秀子さんの取材を行い、調べれば調べるほど、これは書けないと実感した。

虎雄氏自身も語っているように、とてつもない頑張り、努力は机上では理解できた。だがそれは実際の行動となると、想像すらできないほど大きな困難を伴い、私には想像すらできなかった。しかも私は虎雄氏と一面識もないのだ。上っ面だけのストーリーなら書けるだろうが、それは虎雄氏の哲学からすればとんでもない偽善だ。

一時は断ろうとさえ考えた。

だが、虎雄氏が言われなき悪評を立てられているのは耐え難いという、秀子さんの切実な思いを聞くうちに、気持ちが変わった。

ただ、虎雄氏を軸として書くことはできなかった。そうなるとそれまで出版されている本の構成と同じようになってしまう。関係者に取材を試み、客観性をもって虎雄氏を語らなくてはいけなくなる。

私は単純な善悪論に陥ることを恐れた。善の存在として虎雄氏を奉れば、悪として評する他の著書、メディアと同じ轍《てつ》を踏むことになってしまう。だが、秀子さんの視点から虎雄氏との夫婦像を描けば、わかりやすい形で徳田虎雄の本質が見えてくるのではないかと考えた。


それにしても、書いている途中で何度も嫌になった。嫌になったというのは書くことができではない。尋常ではないご夫婦の努力や忍耐の日々を知るにつれ、俺は何と怠けた人生を歩んできたのかと身につまされたのだった。

その上、虎雄氏の愛の話、とりわけ故郷と親への愛の話を聞くのがつらかった。私は若い時分から好き勝手なことばかりをして、生まれ育った故郷はおろか、両親さえ顧みず、気づけば何も親孝行をしないまま亡くしていたからであった。

虎雄氏の故郷に対する愛、親に対する愛、弱者に対する愛に比べれば、私の愛などは無いに等しかった。目標に対する努力にいたっては、何千分の一、何万分の一だっただろう。

この本を執筆している間にも私自身、他の仕事において精神的に追い詰められ、苦しい局面があった。そんな時、虎雄氏と秀子さんの、奮闘して生きる姿にずいぶんと励まされた。同時に、俺は何を甘えているのだと情けなくもあった。そしてもう一度初心に戻って頑張ろうと思った。

やはりひとかどの人の人生というものは、あげつらうものではなく、真摯に辿るべきだと実感する。昨今のＳＮＳにはびこるような、否定や批判をして溜飲を下げるという惨めな人間ではなく、勇気や思いやりを持って前進する人間として描き、語り伝えることが大事なのだと、今回の仕事では考えさせられた。

そしてモノと便利さに溢れた環境、令和という時代に生きる若い人にも、虎雄氏と秀子さんの物語をぜひとも読んでほしいと思った。

自らの力で困難を乗り越えて道を切り拓き、夢を叶え、目標に到達する――その原点には他者への愛が必要だということ。努力や忍耐は利己心ではなく利他心によって培われるということ。自らの不運や不幸を嘆くだけの人生ではなく、それをエネルギーにして反転攻勢にうって出るということ――。

現代はＳＤＧｓに代表されるように、多様化の時代に入った。虎雄氏のように弱者救済のために頑張り、努力する若者があらわれ始めている。困難な時代に虎雄氏と秀子さんがやり遂げたのだから、テクノロジーの進化した今の時代なら、あらゆる手段を使って必ずそれができるはずだ。

若い人だけに限ったことではない。生きている以上、思い立った時に夢や目標に挑戦してもいいのである。

ただそれには、利他の精神、他者への愛が必要不可欠だが。

本書を書き上げた後のことになるが、秀子さんより、これだけは読者に伝えておきたいという文章が送られてきた。今の秀子さんの、虎雄氏に対するすべての気持ち、切実な思いというものが如実にあらわれた文章であると思い、全文を載せて結びとしたい。

『夫は、元気な時は、何ごとも恐れない人でした。

気力、行動力、知力があり、よらば大樹のかげと申しますが、まさに、私にとっては、大樹の存在でありました。

ＡＬＳという不治の難病になると云う現実、夢にも思わなかったことが、彼（虎雄）の身に起こりました。

毎晩のように寝床で「チクショウ、チクショウ」と、その切なさを吐露していたものです。一時は私もショックで彼にかける言葉も見当りませんでしたが、何か云わなければと焦りました。

「今の時代日進月歩で医学の道も進歩していると思いますので、治療法が見つかる日がくると思います。それまで一日一日を大切に生きて行きましょうね」

と言うと彼は、

「君が思うほど容易な事ではないよ、この病は……しかし動けなくなるまで少し時間があるから精一杯、残された時間は仕事をしよう」

と、切なさを吹っ切るように云いました。

それからしばらくして入院する事になりました。

医者であるが故にこの顛末は解っていたのでしょう。

東北の大震災の時はすでに入院生活でしたので、ベッドの上から秘書を通して、医療法人徳洲会が可能な限りの力を尽くして、震災の被害者の皆様にお役に立てるようにと、あれこれと指示を出して頑張っていました。

彼の心は、元気であればすぐにでも現地に飛んで行きたいと思ったことでしょう。医療スタッフや、介護スタッフ等を現地に派遣し、大型トラックの運転免許を持っている職員には石油等の燃料を運ばせ、一般職員も含め徳洲会総出で頑張りました。

その後、地震の多い日本国ではまたどのような災害に出会うか解らないので、いつでも瞬時に可動できるようにと、希望者を募って災害活動のボランティア団体を創設しました。名称は『ＴＤＭＡＴ（徳洲会災害医療救援隊。現・特定非営利活動法人ＴＭＡＴ）』といい、以後いろいろな場所で活躍しています。

発病して今年で二十一年目です。彼が元気であれば、より多方面で社会に奉仕できたと思いますし、この運命のいたずらには、言葉にならないほどの切なさを感じます。

なぜかくも厳しい人生を、神様は彼にお与えになったのか。一日たりとも、その悲しさだめを考えない日はありません。』

本当の愛情の意味というものを知るためには、凡人たる私たちはもっと努力をし、歳月を経てもっと成熟しなくてはならないのかもしれない。

末筆にはなるが、徳洲会病院の開設、選挙運動においては、徳田家のご家族、スタッフ、協力者の方々の大きな支援があったことを申し添えておく。

また、執筆するにあたって支えていただいた徳田秀子夫人をはじめ、ＰＨＰ研究所の櫛原吉男氏、林正義氏、そして何より徳田虎雄氏にお礼を申し上げたい。

ありがとうございました。

松下隆一

二〇二三年八月

装丁　一瀬錠二（Art of NOISE）

〈著者紹介〉

松下隆一（まつした・りゅういち）

1964年生まれ。作家・脚本家。映画脚本『二人ノ世界』が第10回日本シナリオ大賞佳作入選。小説『もう森へは行かない』が第1回京都文学賞最優秀賞受賞（『羅城門に啼く』と改題され新潮社より刊行）。脚本作品に映画『獄に咲く花』、ドラマ『雲霧仁左衛門』、著書にノンフィクション『異端児』（PHP研究所）、『星を抱いた男』（PHP研究所）小説『二人ノ世界』（河出書房新社）、『春を待つ』（PHP研究所）、『俠』（講談社）などがある。

虎雄とともに
徳田秀子が支えた医療革命

2023年9月29日　第1版第1刷発行
2023年11月9日　第1版第2刷発行

著　　者　松　下　隆　一
発 行 者　村　上　雅　基
発 行 所　株式会社ＰＨＰ研究所
京都本部 〒601-8411 京都市南区西九条北ノ内町11
　教育ソリューション企画部 ☎075-681-5040（編集）
東京本部 〒135-8137 江東区豊洲5-6-52
　普及部 ☎03-3520-9630（販売）
PHP INTERFACE https://www.php.co.jp/
組　　版　朝日メディアインターナショナル株式会社
印 刷 所
製 本 所　図書印刷株式会社

ISBN978-4-569-85565-3